首席采购官

The CPO Transforming Procurement in the Real World

[奥] Christian Schuh
[奥] Michael F. Strohmer
[英] Stephen Easton 著
[德] Armin Scharlach
[德] Peter Scharbert

[美] 李学芸 译
吴 江

清华大学出版社
北 京

内容简介

本书通过叙述一名采购经理的职业发展历程，形象生动地介绍了现代企业管理中采购的科学管理理念、方法、工具和应用案例，以及在企业内推动采购管理转型的路线设计与实践。书中介绍的采购管理方法和工具是科尔尼咨询公司的专业研究成果，代表了采购管理领域最前沿的理论，这些理论和工具经过了科尔尼在全球进行的大量相关项目的检验，具有高度的实操性和跨行业的普适性。

北京市版权局著作权合同登记号　图字：01-2016-1607

【The CPO：Transforming Procurement in the Real World】by【Christian Schuh, Michael F. Strohmer, Stephen Easton, Armin Scharlach, Peter Scharbert】ISBN：9781430249627 Original English language edition published by Apress Media. Copyright © 2015 by Apress Media. Simplified Chinese-language edition copyright ©【2016】by Tsinghua University Press. All rights reserved.

本书封面贴有清华大学出版社防伪标签，无标签者不得销售。
版权所有，侵权必究。举报：010-62782989，beiqinquan@tup.tsinghua.edu.cn。

图书在版编目（CIP）数据

首席采购官/（奥）舒（Schuh，C.）等著；李学芸，吴江译. --北京：清华大学出版社，2016（2024.6重印）

书名原文：The CPO：Transforming Procurement in the Real World
ISBN 978-7-302-42630-1

Ⅰ.①首… Ⅱ.①舒…②李…③吴… Ⅲ.①采购管理 Ⅳ.①F253.2

中国版本图书馆 CIP 数据核字（2016）第 020297 号

责任编辑：陆浥晨
封面设计：单　良
责任校对：宋玉莲
责任印制：曹婉颖

出版发行：清华大学出版社
网　　址：https://www.tup.com.cn, https://www.wqxuetang.com
地　　址：北京清华大学学研大厦A座　　**邮　编**：100084
社 总 机：010-83470000　　**邮　购**：010-62786544
投稿与读者服务：010-62776969，c-service@tup.tsinghua.edu.cn
质量反馈：010-62772015，zhiliang@tup.tsinghua.edu.cn

印 装 者：涿州市般润文化传播有限公司
经　　销：全国新华书店
开　　本：170mm×240mm　　**印　张**：14.25　　**字　数**：206千字
版　　次：2016年3月第1版　　**印　次**：2024年6月第10次印刷
定　　价：59.00元

产品编号：067150-02

谨以此书献给我们尊敬的客户

作者简介

Christian Schuh

科尔尼企业供应管理领域资深专家。曾领导众多采购转型项目,为汽车、建筑设备、国防、高科技、包装以及钢铁等各个行业的客户提供咨询服务,涉及地区及国家包括欧洲、俄罗斯、中国和美国。已撰写并发表了多本书籍以及专题文章,如《棋盘博弈采购法》、《首席采购官》和《供应商关系管理》,尤其是《棋盘博弈采购法》一书在中国出版后受到广大读者的好评。Christian 毕业于奥地利格拉茨技术大学航空工程专业,并取得了商业管理的博士学位。

Michael F. Strohmer

科尔尼原材料策略、采购转型、并购后管理以及大型资产项目管理等领域的专家。他曾带领项目团队为公共事业、汽车、国防、消费品、包装与钢铁等多个行业的全球客户提供咨询服务。Michael 曾经撰写过多本书籍和文章,其中包括《棋盘博弈采购法》、《首席采购官》和《供应商关系管理》,并且多次受邀在国际会议上发表演讲。Michael 拥有工商管理博士和法学博士学位。

Stephen Easton

科尔尼提升企业采购效率领域的专家。他曾带领团队为众多私有及国有类型企业客户进行服务,并取得了显著且可持续的财务绩效。Stephen 基于其在企业采购领域多年的研究成果及实战经验,已撰写并发表了以《首席采购官》、《供应商关系管理》为代表的多本书籍和专题文章。Stephen 取得了康奈尔大学的工商管理硕士学位,以及牛津大学的政治、哲学和经济专业的学士学位。

Armin Scharlach

科尔尼协作性优化方法和工具的发明人之一。他致力于帮助全球各地的客户实现转型,并建立全盘采购 IT 架构。他还被誉为先进协作方法领域的思想领袖,在许多首席采购官一筹莫展的时候,帮助他们实现了额外的成本削减。他突破了传统采购和供应链方法的局限,提出了有创新性的高端分析法。Armin 现居住在柏林。

Peter Scharbert

科尔尼战略采购和绩效评估专家。他在欧洲和中东领导了众多与采购相关的项目,他的客户来自于各行各业,包括制药/生命科学、金融理财和多元企业等。他在采购绩效管理、采购转型和战略采购上颇有造诣。Peter 取得了卡尔斯鲁厄大学的工业工程学位,现居住在瑞法德三国交界的巴塞尔地区。

译者简介

李学芸

科尔尼全球合伙人,拥有20年以上的行业与管理咨询经验,是采购与供应链管理咨询行业的资深专家。由其带领的项目团队,服务过的全球客户涉及食品和饮料、医药、消费品、化学药品、零售、电信等众多行业。李学芸女士的专长领域包括战略采购、采购变革、供应链管理、采购供应链效率改善、运营优化和信息技术战略等。李学芸女士根据其在科尔尼公司多年的研究成果和丰富的实战经验,对全球采购市场的特点及差异具有深度洞察。她曾发表过多篇文章,尤其是由她所翻译并出版的中文版《棋盘博弈采购法》,结合中国国情和全球市场环境特征,有效把握中国供应市场特点,受到广大中国读者的好评。她长期担任美国麻省理工学院(MIT)供应链管理专业的客座教授,并曾多次受邀在国际会议上发表演讲。

吴江

科尔尼副总裁,拥有10年以上的行业与咨询经验,是采购与供应链管理领域的资深专家。他曾负责过众多供应管理项目,涉及的行业有食品和饮料、个人电子消费品、零售、能源、重型机械等。吴江先生的专长领域为采购组织转型、供应商管理、战略采购、供应链优化、可持续性发展、采购技能提升等。他曾发表过多篇关于采购与供应链管理的文章,并多次受邀在大型会议上发表演讲。另外,他还担任科尔尼公司与清华大学五道口金融学院联合举办的《企业战略管理》系列课程的特约讲师。

译者序

这是一本所有有志成为 CEO 的人都应该读的书。

主人公托马斯原本就职于一家声名显赫的汽车公司，该公司是战略采购的先行者，拥有先进的采购理念和工具、不断创新的进取精神、团结一致的公司文化，托马斯职业上升的轨迹清晰且确定。

然而，在一次飞行途中，他偶然得遇心域食品公司的 CEO，习惯性地问候并自然地聊到了自己的工作，他的表现不出意外地征服了这位 CEO，也为自己"创造"了心域食品公司首席采购官这一岗位。

后续的故事浓缩了一个采购人从天堂空降到人间之后的苦恼——尝试和失败，找对方法后的变革和成功，以及最终亲手重建一个天堂的自豪。

在领先的国际企业中，首席采购官已经是一个重要的职位，负责管理企业的一切开支，建立专业化的采购团队，并在很多时候需要参与到企业的战略决策中，提供采购的专业意见。

对比国内，采购部门往往影响着企业超过一半的成本，但对采购的定位很多时候还只是一个服务支持部门，大量的精力被花费在招投标上，花费在反腐败上，花费在解决到货、质量等问题的救火上。这远不是采购应有的定位。当 CEO 们强调竞争是彼此生态圈的竞争的时候，是不是也应该先把负责建设这个生态圈的采购团队升华一下？

同时，说到管理，国内特别重视的是流程，甚至在相当多场合强调的都是 IT 系统上的流程。但是，流程虽然可以规定大家做什么，却不能保证大家积极主动地做，不能保证做了就能做好。本书的故事恰恰揭示出一个不同的道理：真正的变革是必须唤醒人心，最强大的动力是团队发自内心的使命感和积极性，最有效的改善来自于授予团队先进的工具和方法。

  成功的公司,是因为更多的员工都像书中的托马斯一样,不分层级、不论部门,他们是领导者(leader),而不仅仅是一般的经理人(manager)。

  成功的管理者,是把自己的全部精力用在激励、赋能(enable)、变革和沟通上。

  感谢作者带给大家这样一本必将成为经典的书,也感谢清华大学出版社的陆浥晨编辑在成书和出版过程中的大力支持,更感谢我的同事姚倩、孙瑛霞、吴隽文、蒋天瑜、张如菁、倪天持、黄琦、高敏的大力协助,在忙碌的工作之余进行翻译和校对工作。

  本书中涉及的人物与企业也是我们同时出版的《供应商关系管理》一书的主人公和故事背景。作为译者,在翻译上述两本书籍的同时感觉收获颇丰。所以,也希望广大读者可以跟我们一样,在阅读本书的同时有所收获,并能真正运用到企业管理之中。

吴江

2016 年 1 月 14 日

序　好故事与好道理

读完科尔尼的《首席采购官》，第一反应是"科尔尼这服务太赞了！"

作为全球顶尖的管理顾问，科尔尼放下架子和说教，为客户写故事、编剧本，把公司里几个"大拿"的职业生活掏心掏肺地拿出来，编成一个首席采购官的成长故事，寓教于乐，为的是把采购这个行业的道理和攻略教给客户，这"娱乐营销"科尔尼做得是蛮拼的。娱乐营销的精髓，就是向客户传递信息，创造出一个个精彩的故事，再把信息一体化植入到故事里，让客户在润物细无声中有所得。这"跪式服务"，科尔尼做到了。就奔着这个诚意，这本书值得推荐给采购这个行业里的各位同人。

推荐这本书的第二个理由是书里真实的大企业故事：托马斯与他的老板的偶遇，在浩克兰德这个大公司里与瑞克等人的协作和争斗，公司的职业生活与个人家庭生活矛盾，等等，都写得丝丝入扣、毫发毕现。故事中的种种细节，包括邮件的行文作风，公司会议中的人物画像，无不渗透着作者的真实经历，确实是跨国大企业工作生活的真实反映。书中虽然对托马斯的颜值没有正面交代，但考虑到他的德美混血基因，料想应该是帅叔一枚。这分明是一个高阶的帅男版"杜拉拉升职记"的故事，可以推荐给准备进入跨国企业职场的新人们。在引人入胜的故事中，感受一下真实的跨国企业工作氛围。

还有一个推荐理由，就是对不在采购这个行当工作的同人们，这本书是了解采购这个工作的一个不错的窗口。在不少企业里，"采购"只是一个可有可无的工种。通过这本书，或许能得到一些启发，看到成本控制对公司治理的重要性。当面对一个"10亿美元的缺口"时,该往哪里找突破口,这本书说不定能够给出一些选择。

祝各位读者在科尔尼的诚意奉献中,各有所得,一帆风顺!

钟智驹

副总裁

上海灿星文化传播有限公司

(前宝洁公司采购部副总监)

2016 年　元旦

致谢

按照事情发生的先后顺序，特此感谢：

感谢 Martina Bihn 将我们介绍给 Apress。

感谢 Rebecca Raudabaugh 将五位作者的语言风格统一起来（他们其中的四位都不是英语母语者），并由此说服 Apress 为我们出版。

感谢 Jeff Olson 一直以来对我们的信心和支持，并付出了很长时间来将初稿包装成一本真正的书。

感谢 Alenka Triplat 将 Tomaž Nečemar 介绍给我们。

感谢 Tomaž Nečemar 将我们的想法变为现实。

前言

我叫托马斯·萨特,37岁,在德国法兰克福的一个隶属于北约的莱茵-美因空军基地长大。我的父亲是个美国人,他是"沙漠风暴"(即海湾战争)时期的一名飞行员,我的母亲是法兰克福当地人,与父亲相识缘于一次基地访问。尽管我从小在空军基地长大,大部分时间我都与母亲的亲戚们在一起,因此我更像一个德国人,而不是美国人。当那些土生土长的美国孩子在基地打棒球的时候,我要么在市区上小提琴课,要么就去施特德尔博物馆欣赏古典大师的艺术作品。我没有在当地普通高中就读,而是选择了法兰克福的文理中学,而后到柏林工业大学念书,这样的选择令我的父亲很是不满。

我父母在20世纪90年代末搬回了美国,并在芝加哥定居。我理所当然地留在了德国,住在杜塞尔多夫,在埃森附近的全球汽车制造商奥腾汽车工作,担任电气/电子品类的采购经理。在过去的几个月里,我在汽车娱乐终端领域投入了大量精力。在竞争十分激烈的汽车行业中,我们不满足于维持现有的地位,而是希望能够成为汽车娱乐设备方面的领先者。我们的新型汽车内置娱乐系统(简称为ICE)还处于设计环节,同时我们也在摸索这一产品领域买方与卖方之间的博弈水平,这种博弈将会影响到产品的定价、规格特性及其他诸多方面。

在我看来,我们的采购策略是世界一流的。我们曾经在短短一年之内就为整个公司削减了10%的成本!随后的一年里,我们又继续降低了7.3%的成本,这证明我们骄人的成绩并非侥幸。这么大的削减力度自然难以长期保持,但我们的采购方式仍然给了竞争对手重重一击。他们十分疑惑为什么我们汽车的定价可以那么低?自然,制造和工艺流程优化实现了部分的成本削减;我们的采购策略(预测、监督、寻源、谈判、追踪、协助供应商改善、管理供应链等)也功不可没。每年商品价格起起落落(大部分是上涨)，我们必须采取最好的采购策略来维持低廉的采购价格。而且，我们公司有一批精英在采购部门工作，包括我刚入职时的导师——丹·舍弗勒(奥腾汽车的首席采购官)。

除此之外，最重要的一点是我们的团队有强大的凝聚力。奥腾汽车公司一向不鼓励"个人主义"，团队合作一直是我们成功的关键。采购部门与许多来自于研发团队的工程师都保持着密切友好的合作关系。因为我们明白，采购部一定要和公司的其他部门紧密合作，才能取得最佳成绩。

这并非一份轻松的差事，常常需要在凌晨或深夜与中国或美国的同事通过电话沟通，不过，我仍然十分享受这份工作。过往的经历和个人兴趣让我对这份工作充满激情。同时，我还坚持跑步来缓解压力。

我的妻子海蒂·萨特是德国人，我们有两个孩子(7岁的乔安娜和5岁的大卫)。海蒂是一名律师，最近，她工作的律师事务所正准备提拔她为合伙人。我们俩工作都很忙，所以我雇了保姆叶卡捷琳娜，她还能兼职教孩子们俄语。

跟大多数德国人一样，我的工作时间很长，海蒂也是。她一直担心我会为了我的事业而忽视她。海蒂姐姐的婚姻就因为类似的情况以离婚收场。当然，海蒂还是很相信我的，但她也清楚我是那种不会安于现状，喜欢寻求挑战的人。

现在我正在去往加利福尼亚的路上，准备与全球最大的电气设备制造商绿维电子会面，这家公司曾以其旗舰产品几乎垄断了智能手机市场。绿维电子与奥腾汽车规模相当，在外界看来都是行业中声名显赫的巨头。我们之间的合作必定是平等互惠的。

这次，我还准备在芝加哥多停留几天，顺便看望我的父母。

目录

第1章	从法兰克福到芝加哥	3
第2章	回到芝加哥后的周日夜晚	10
第3章	与海蒂的深夜通话	15
第4章	丹·舍弗勒的建议	19
第5章	问题终于解决了	23
第6章	心域食品集团两个不满的采购员	30
第7章	我的决定正确吗？	35
第8章	托马斯在心域食品集团的一天	39
第9章	在罗斯的办公室	43
第10章	无处不在的烦恼	48
第11章	难堪	55
第12章	遇见约翰·麦格拉斯	59
第13章	捕捉人们内心的想法	64
第14章	过于简单化	69
第15章	真言一刻	75
第16章	议程	82
第17章	"掘金"计划诞生	87
第18章	托马斯夫妇的争吵	91
第19章	筹备战略峰会	95
第20章	战略峰会	102
第21章	进入正题	108

章节	标题	页码
第 22 章	搭建桥梁	112
第 23 章	涅槃之路	118
第 24 章	航海之行	129
第 25 章	赛马	133
第 26 章	突破性进展	139
第 27 章	劳拉获得领导地位	145
第 28 章	春季聚会	149
第 29 章	不仅是书面的成本节约	152
第 30 章	不仅仅是成本节约	157
第 31 章	启航	161
第 32 章	推行新的采购组织	169
第 33 章	我们不应锱铢必较	174
第 34 章	培训计划	179
第 35 章	转变	183
第 36 章	职业生涯的成功与个人生活的灾难	189
第 37 章	回报	195
第 38 章	心脏病发作	199
第 39 章	展望未来	203
后记		205

CHAPTER 1

第1章 从法兰克福到芝加哥

我还记得在飞行基地的往事(我的父亲在莱茵-美因空军基地服役于第435战术飞行队),队员们都很友善,甚至父亲带着我登上他驾驶的C-5银河运输机,大家也是睁一只眼闭一只眼。父亲不仅驾驶过世界上最大的飞机之一,他还参与了"沙漠风暴"行动。在我小的时候,机场很小,去机场也很容易。可是现在为了要去一趟国际航站楼,我必须走过一个没有尽头的地下隧道。有些人带着许多行李堵住了电梯,挡住了我前面的路;更糟的是,从杜塞尔多夫出发的航班延误,导致我的转机时间缩短了10分钟。现在是早上7:42,我前往芝加哥的航班是上午8:10。显示屏上的航班状态已经从"登机"变成了"关闭登机"。如果我错过了这趟航班,可以换乘10:55的航班,但是我想多留些时间陪陪我的父母,因为我很少有时间去看望他们。

我气喘吁吁地来到了登机口,一名年轻的乘务员面带笑容地欢迎道:"早上好,萨特先生,我们已等候您多时。由于商务舱满员,我们已将您的舱位升级到头等舱。"这个意外的消息令我格外高兴,看来早晨4点起床还是值了。

通常我在飞机上会向邻座的乘客介绍自己,而非视而不见。刚开始对方会惊讶于我的热情,但是这将有益于整段旅途。我穿过机舱走道,在头等舱找到了自己的座位。这时,我注意到我旁边坐着一位健壮的男士,大约六十多岁,但是他的活力和自信的光芒丝毫没有被年龄掩盖。他看起来很眼熟,有可能是因为我在奥腾汽车董事会演讲时见过太多这样的人。我不确定这样的旅伴会不会让整个飞行过程更愉快,同时我也很好奇为什么他不坐公司的私人飞机。

不过既然他就在邻座,我按惯例说道:"你好,我是托马斯·萨特,你介意我的包放在我们座位中间吗?"他缓缓地放下手中的《金融时报》,把我从头到脚打量了一番。然后与我握手,"当然不介意。您好,我是罗斯,罗斯·贝尔科斯基,很高兴见到你。你为什么去芝加哥?"

我很快地意识到这将是一段不同寻常的旅途。一个小时后,我了解到罗斯是零售行业巨头心域食品集团的首席执行官,怪不得他看上去那么面熟。就在不久前,心域食品成功地收购了一家巴伐利亚乳制品公司,受到了媒体的广泛关注。罗斯告诉我他在蒙大纳(美国州名)的一个农场长大,虽然现在富有了,但从未忘记以前的穷日子,这也是为什么他很少搭乘私人飞机的原因。

跟罗斯聊天非常愉快,他的爽朗中带着一点风趣。他对我在两个国家的成长经历十分感兴趣。正巧罗斯的弟弟也在美国空军服役,我们聊了许多关于军队生活的话题。我告诉他我只记得按按钮很有趣。不知不觉,我们又谈到了我在奥腾汽车的工作。一开始罗斯只是出于礼貌,问了我的工作情况。当我提到在过去的5年内奥腾汽车的采购部门为公司削减了40亿欧元的成本,他吃惊地问道:"你们是怎么做到的?"

我引用了我在校园招聘时的一段台词:"奥腾汽车真正开始采用专业的采购体系要追溯到1985年,那时日本汽车制造商崛地而起,我们的首席执行官决定通过一系列重大的变革来应对这场挑战。他全方面地审视了奥腾汽车,最后指出表现不佳的正是采购。因此他任命了一位年轻且有抱负的意大利人吉亚科莫·费尼尔作为工厂经理,负责削减10亿马克的成本。吉亚科莫做的第一件事情是重新分配采购员。通过打破长期不变的采购分工,一举削减了5%的成本。"我惊讶地注意到罗斯已经开始在做笔记了。

我继续道:"吉亚科莫接下来做的是开展全球采购,这一做法很明智。他先给大家展示了某些工厂在本土采购份额的图表。你知道本土的采购份额最低是多少吗?95%!也就是说,德国工厂集中在德国采购,意大利工厂集中在意大利采购。然后,他鼓励采购人员做两件事:第一,采用其他国家的供应商;第二,说服其他国家的同事采用他们国家的供应商。在两年内,本土采购份额降到了85%。所以,正如前面我所说的,奥腾汽车是首家将采购事宜纳入董事会议题的公司。其他的汽车制造商纷纷效仿我们,同时我们也影响了其他行业。"

罗斯有些怀疑:"所以你们通过调整采购员的分工和分享供应商就实现了十几亿的成本削减?我知道这在最初可以获得成效,但随着时间的推移,效果一定会减弱。"

我继续引用我在商学院的演说词。"相信我,在过去的十年内,我们没有停滞不前。相反,如今,我们已经发展了一套非常精确而且复杂的方法来降低供应商成本和提升供应商价值,这些都基于对供应和需求博弈力的深刻理解。"

"供应和需求都不是新概念,"他说,"我在经济学基础课上就学过了。"

"没错,"我笑着回答。"关键是你怎么运用它。当我们与供应商展开博弈时,我们运用这个理论可以变化出许多不同的方法。让我拿锻件举个例子。奥腾汽车是全球锻件市场上最大的买家之一,所以我们需求博弈力很高。同时,市场上有成百上千个符合我们要求的锻件供应商,所以供应商的博弈力很低。在这种情况下,我们甚至都不需要对方报价。相反,我们从全球各地收集和整理所有要用的锻件规格和价格信息,然后用一个统计工具对所有数据进行处理,进而确定提供给供应商的目标价格。"

"如果供应商不同意这个目标价格怎么办?"罗斯问。

"这不太可能。你知道,市场上有上百个符合要求的备选供应商。如果这家供应商不接受我们提出的价格,我们就选择与其他供应商合作,不过这几乎不会发生。事实证明,持续的成本压力可以帮助我们的供应商提高他们自身的竞争力,在市场上战胜那些没有和我们合作过的厂商。在20世纪八九十年代,日本汽车制造商入侵欧洲市场,我们很自豪我们在'拯救欧洲汽车行业'中担任着至关重要的角色。可惜,在美国我们只有2%的市场份额,显而易见我们在这个市场的影响力是很有限的。"

"这下我明白了。你知道吗,我仍然会选择购买美国车。但是在过去的30年,底特律的处境的确不容乐观。想当年我还是孩子的时候,美国车棒极了,动力强劲,造型优美。那时候,我用修理农机设备赚来的钱买了我的第一辆车,是一辆1963年产的野马,黑色车身附带红色座椅。对了,你们的统计工具怎么样?也能用在心域食品吗?"

对于该向罗斯透露多少我有些犹豫。但是他身上的某些特质让我对他产生了信任感,所以我决定继续往下说。"对于心域食品来讲,需求博弈力高,而供应商的博弈力低,因此这套工具一定有效。但对于其他某些情况,这种工具就不是很好用了。我再给你举个奥腾汽车的例子。我们在汽车行业中数一数二,所以我们理应对发动机管理系统这样的产品有很高的需求博弈力,对吗?但问题是,只有3家供应商能提供我们需要的技术。当要细化到具体规格时,可能只有一家能够满足我们的需求。你应该能想到,如果我们向他们抛出目标价格,会是什么样的下场。"

罗斯停顿下,"他们会让你一边儿待着去。"

"嗯,也许不是这么直接,因为我们需要彼此。但可以肯定的是,我们也不会好过。他们将会逐渐把注意力转移到我们的竞争对手身上,接着我们将无法从这家公司获取最新研发的产品,并逐渐丧失我们在市场上的竞争力。所以我们更愿意和这样的供应商发展合作伙伴关系。只有双方的首席执行官、研发负责人之间保持对话,建立持久的联系,才能将双方的创新周期无缝对接。一项全新的发动机管理技术应该和新一代的发动机保持同步,这样双方都可以在最大程度上获益。"

罗斯陷入了深思。"很有意思。我想起来我以前与一家心域食品的供应商碰过面。嗯……应该是很久以前了。我通常只会见客户,接触供应商不太多。"

"你所在的是一个相当不同的行业,但是我能肯定有些供应商对于你们的成功起到了关键性的作用。"

"你说得没错。但是你知道吗,我常常需要花一些工夫来思考应该咨询谁。我们没有完整的供应管理体系或者说成规模的采购部门。我以为这些采购策略仅仅是在各集团内部甚至是事业部层面制定的。"

我只顾着解释奥腾汽车的方法,而没有注意到罗斯已经调整到了一个尽可能和我面对面聊天的坐姿。他完全被我的谈话吸引住了,都忘记了放在面前的午餐。

我继续说道:"再举一个例子,即使像奥腾汽车这样的大公司也会碰到以较低的需求博弈力来应对较高的供应博弈力的情形。这可以说是最不利的情况了。现在,我们采购的一种矿物'铂金'就遇到了这种问题。我们的汽车排气净化系统中会用到铂金,但我们的需求只占全球采购量的极小一部分,并且铂金的价格由伦敦金属交易所决定。正是由于我们无法影响价格,所以我们选择研发不需要使用铂金的新型系统。我们对新一代的催化转换器充满了信心。"

"看起来你们在采购方面远远领先于心域食品,"罗斯皱了下眉头,然后他笑着说,"我打赌你的机票肯定也比我的便宜。"

"除了你的头等舱机票是买的,而我是免费升舱之外,没有任何区别。你知道的,心域食品和奥腾汽车都是大公司,但是他们仍然仅仅是搭乘美国航空和德国汉莎航空的众多消费者之一。这就是低需求博弈力遇到低供应博弈力的一种情况。有时候我们博弈力高一点,有时候航空公司的博弈力更高一些。当然,我们确实会和航空公司议价,但最有效的手段还是从根本上避免商务旅行。在奥腾汽车,我们有一套很先进的视频会议系统,最近几年我们正以惊人的幅度减少飞行次数。"

罗斯紧紧地盯着我:"那你这次出差一定是有很重要的原因。"

"的确是这样,我正准备去一家在旧金山湾区附近的高科技公司,寻找新的机遇。"罗斯没有再追问我去美国的详细目的。他停顿了一会儿,然后开始说道:

"托马斯,我对你说的这些非常感兴趣,尤其是你在讲述这些事情时使用的方式,让我能感受到你充满了激情和能量。心域食品需要像你这样的人才。明天心域食品的几个高层将会和我一起去印第安纳州乡村俱乐部打高尔夫,你和我们一起去吧?我会安排一架飞机去芝加哥接你,然后送你回去。不知道你父母介不介意周末没有你的陪伴？"

我犹豫了一下，然后同意了。我父亲一直教导我要把握机会。虽然我很肯定我不会离开奥腾汽车，但是对我来说，得到一位全球知名企业高层的赏识让我倍感荣幸。

首席采购官最佳实践

- 为各个采购品类制定的采购策略应基于对该品类供应和需求博弈力的理解。
- 与供应商合作关系的价值不仅仅是价格，还应该包含创新和服务。
- 应尽量避免维系随意的供求关系，因为这种关系中双方合作所产生的价值没有深刻的理解，不利于价值创造。

CHAPTER

2

第 2 章　回到芝加哥后的周日夜晚

多么神奇的一天！我几乎不敢相信这一切是真的。罗斯和他的同事们都很友好，对我十分关照。罗斯的私人助理全程陪同，就算是在高尔夫球场上也随时遵照罗斯的每一项指示。尽管每个人都很热情，但是我整天的情绪就像坐了过山车般起伏不定：与大伙儿在一起还是挺有趣的，但我还是觉得好像每个人都戴着一副面具似的。我想起曾经与我父亲的一次交谈，他认为我更适应欧洲人的交往方式，我禁不住笑了起来。也许他说得没错。这儿的人都非常开朗，但与此同时也对我产生了压迫感，在奥腾汽车很少有这样的人，我不知道我更喜欢哪一种。

我倒是很喜欢市场部经理约翰，他对欧洲文化十分熟悉：他的祖父在 20 世纪 20 年代从意大利移民到美国，他也经常回欧洲。而且我们无意中发现，他的家族以前居住的城市竟然是我和海蒂经常去度假的地方。约翰每年会回意大利去看望他的远亲，他的孩子也特别喜欢那儿的文化、乡间景色和食物。我提到了我们很喜欢的一家餐馆Leo's,如果你不真正了解那个地方的话,肯定不知道这家店。结果这家店的老板竟然是约翰家的亲戚!我和海蒂曾经还在这家店上过一整天的意大利烹饪课,世界实在是太小了。

我对韦恩堡的认识仅仅局限于那儿的机场,以及待了一整天的高尔夫俱乐部,我从来没有想过会有专机来接我去打高尔夫。我还在琢磨今天罗斯和我的谈话。当时我被邀请进了一个单独的房间,有人给了我一支雪茄(可惜我不吸烟)和一杯威士忌(当时才是下午1点!),这让我觉得自己好像是一个黑帮老大!

罗斯说我们在飞机上的谈话给他留下了深刻的印象,接着他告诉我一个爆炸性消息:他希望我担任心域食品的首位首席采购官。首席采购官!这对我而言是在职业生涯上向前迈进了一大步:要想成为奥腾汽车的首席采购官至少要再等上五年。现在,我居然获得了担任心域食品首席执行官的工作机会。

如果说我没有想过要成为首席采购官,那肯定是自欺欺人。

然而我的父母对这件事有不同的看法。我本以为他们俩会因为我和海蒂带着孩子一家人搬到美国来而感到高兴,我母亲应该会因为可以更频繁地见到孙子、孙女而开心。作为她唯一的儿子,我却远在欧洲,这使她格外想念我和她的孙子、孙女。乔安娜和大卫也经常会抱怨说,他们的朋友都离祖父母很近,可以时常见面。

父亲的看法则出乎我意料。虽然这将是我事业上的一个飞跃,父亲仍旧十分谨慎。"托马斯,这是一个完全不同的行业,你根本不了解这个行业,而且美国公司和欧洲公司在文化上有很大差异。"他还提醒我奥腾汽车是我从10岁起就一直梦寐以求的公司。接着,他还举了一些海外派遣到美国工作但最终失败的例子。父亲说得没错,但这机会是首席采购官!如果我无法在奥腾汽车继续得到升迁呢?我一定会为放弃这个机会而后悔。我很难过父亲没有支持我去把握这样一个绝好的机会。

紧接着我想到了海蒂,她不会为这件事开心的。要么我们将来一起移居到美国,要么我需要跟罗斯协商每隔一周回杜塞尔多夫过周末,不管是哪一种,海蒂都会反对。并且,她的事业正在上升期。当她听到这个消息后一定会想到她的姐姐是如何为了丈夫的事业妥协,最后却被抛弃的悲惨遭遇。

现在是芝加哥晚上10点,我整个人因为时差昏昏沉沉的。一阵手机铃声把我拉回了现实中,是罗斯·贝尔科斯基,他告诉我他正在办公室处理一些事情。我听说他有一个习惯,那就是每周日晚上去办公室提前准备下周的工作。

"托马斯,我刚跟我们的总裁以及董事会成员讨论过,我能够提供给你65万美金的年薪,外加奖金,这样第一年总共接近75万美金。除此以外,你的家人将享受全额医疗保险,前6个月的租房津贴(直到你找到要买的房子为止),每年可以和你的家人飞回欧洲四次。所以,考虑一下,等你决定了再联系我。"在我作出任何答复之前,他已经挂掉了电话。我陷入了沉思,这份首席采购官工作的薪水是我在奥腾汽车的两倍!我向窗外望去,想象着我的未来。

CHAPTER 3

第 3 章　与海蒂的深夜通话

　　我躺在床上感觉度日如年,整晚都辗转反侧,难以入眠。心域食品首席采购官、韦恩堡、与绿维电子的会议、海蒂、奥腾汽车、孩子们不断在我脑海中闪现。我坐起来看了看闹钟上红色 LED 灯显示的时间已经过了午夜,那么在杜塞尔多夫应该是早上 7 点一刻,海蒂应该已经起床了,我不假思索地拨通了家里的电话。

　　"你好托马斯,"海蒂说道,"现在不早了,我以为你会为明天的会议养足精神,早早入睡。"

　　"你好海蒂,我睡不着。我们能聊一会儿吗?"我问道。

　　"当然,我现在正准备去上班,"海蒂说,"我打开免提吧。叶卡捷琳娜要送孩子们上学了,我得去送送。对了,你为什么会睡不着?"

　　"最近发生太多事情了,昨天我收到了一份工作邀约。"

　　"什么?"

我仿佛能看见海蒂惊讶地摔掉了电话。

"我在飞机上遇到了一个人,今天下午我们打了场高尔夫,然后他给了我一份工作。"

"你什么……等等,好的,再见,再见,妈妈爱你……好的,不行,我正在跟你们的爸爸说话……托马斯,孩子们想跟你问好。"刚才的消息显然让海蒂有些心神不宁。

"好啊。"我答道。

"你好爸爸。"乔安娜和大卫一起说道。

"祝你们今天在学校过得开心!"我跟孩子们说。电话那头突然又恢复了平静,我听到叶卡捷琳娜正要送孩子们去学校。

"听起来好像是间谍小说中的情节。你在飞机上遇见了一个陌生人,然后他给了你一份工作?"

"是的。"

"这人是谁,什么工作?"

"他是罗斯·贝尔科斯基,是美国巨头心域食品集团的总裁,职位是他们公司新设置的首席采购官。"

海蒂安静了一会儿,然后说:"我简直不敢相信这一切,但是我想我应该祝贺你,工作地点在哪儿?"

"韦恩堡。"我回答道。

"这是哪里?"

"在印第安纳州。"

"一定很远对吗?那个鬼地方是不是都用自己的时区?"

"印第安纳州是一个很美的地方,"我说,"对孩子而言是一个很好的成长环境。我去过韦恩堡,是一个非常美的小镇。"

"杜塞尔多夫也很美,"海蒂说,"等等,你什么时候去的韦恩堡?我脑子都乱了。"

"今天下午罗斯的私人飞机接我去那儿打了场高尔夫。"

"这听起来更像是部间谍小说了,"海蒂说道,"你像是拥有私人专机的富豪……"

"所有这一切都发生得太快了。"

"可不是吗,那你有考虑过我和孩子们吗?我敢打赌我的公司在韦恩堡没有办事处。所有的一切都需要仔细考虑。"

"亲爱的,这也是为什么我现在就给你打电话的原因,"我说,"我整晚都在想这些事情。这份工作非常吸引我,而且我能够得到更多的锻炼,一切都会由我掌控。这很棒,对吧?"

"但是我们家会发生天翻地覆的变化。"海蒂说道。

"我知道……我们需要好好商量,"我继续说道,"他们会给我 75 万美金的年薪。"

"那也不会让我们高兴到哪儿去,"她立刻说道。"确实,我们要好好谈谈,我实在不敢想象,在飞机上拿到了一份工作邀约,乘坐专机,韦恩堡……而我现在正在杜塞尔多夫准备去上班。9 点我还有一个重要的客户会议,现在不是聊这些的好时机,托马斯·萨特。"

海蒂只有在生气的时候,才会直呼我的全名。我这才意识到,一大清早我就越界了。在海蒂快要去上班的时候,开着免提通过电话告诉她这些是非常不明智的。不过就算等我回到家再告诉她,也许她还是会不满。不管我怎么做,都只会是两败俱伤的局面。

"我们晚点再谈,好吗?"我问道。

"什么时候?"

"今晚。"

"也许吧,"海蒂说,"托马斯,我真的得去上班了。"

"好吧,我爱你。"

"晚上再说。"海蒂直接挂掉了电话。

CHAPTER

4

第 4 章　丹·舍弗勒的建议

　　与绿维电子的会议进展得很顺利,我们很快就达成了共识。我一下飞机就直接从机场赶回了奥腾汽车的办公室,一路上时不时地想到海蒂。我们始终没有机会详谈,因为在电话中很难说清楚。

　　但我还是抱有一丝希望。在第二次的通话中,海蒂坚持反对搬家。但是后来我们再沟通时,她似乎对于原来的立场有些动摇,我想她应该开始想办法解决问题了。她的公司确实在韦恩堡有一个子公司(或者说仅仅是办事处),因此她有可能调职,她还问我如何安排孩子们的学校。也许一切都会迎刃而解。

　　但我还是犹豫不决,难以作出决定。这真的是我想要的吗？要离开奥腾汽车,使我的导师丹·舍弗勒(奥腾汽车的首席采购官)失望,这会让我感到愧疚。我需要找丹谈一谈,毕竟刚进入公司的时候他帮了我很多忙。我知道丹不会简单地让我留下,而是会给我中肯的建议。虽然时差还没有倒过来,我还是立马动身去见了丹。

当我还在丹的办公室门口徘徊时,丹已经看见了我并说道:"托马斯,欢迎回来!快进来,看起来你上周过得不错,我知道这次的谈判基本大功告成了,看上去我们快要成功了。"

我回应道:"是的,丹,上周还不错。"丹顿了顿,审视着我。我在他的桌前坐了下来。

"我想你是累了,你应该去好好休个假。为什么不早点回家,花几天时间陪陪你可爱的妻子?"我不敢正视丹。

"丹,我想跟你谈谈。"

"关于谈判?"丹说,"还是……你有其他事?"他站起身,把门关上。

"丹,在芝加哥的时候有人给了我一份工作。"

作为一名退役军人,不管发生什么丹总是表现得很镇定,但这次他却显得有些不安。"托马斯,我以为你是去那儿谈生意的,而不是去面试的。"他笑了,"这是怎么回事儿?"

"我在飞机上和坐在邻座的人聊天,这个人是心域食品集团的首席执行官。后来,他给我了一份首席采购官的工作。"

丹停顿了会儿,长呼了一口气。"托马斯,这的确是份重要的工作。但是你要知道,心域食品的氛围在业界是出了名的强悍,在那儿工作恐怕会比在奥腾汽车的压力更大。我曾经见过贝尔科斯基一次,他是不会同情弱者的。"

"他看起来很坦率,不过我明白你的意思。"

丹靠着他的椅背,说道:"他安排你去哪儿?韦恩堡?海蒂真的会愿意搬到印第安纳州吗,托马斯?"

"我承认这不是她梦想要去的地方。"我说,"但是,我想她会为了我同意搬家。"其实我也并不确定。

"托马斯,你在这儿也同样会有好的发展前景。现在大家都很重视你,绿维电子项目会让你的职业发展有一次飞跃。"

我实事求是地说:"丹,我明白。"

"如果你留下，差不多明年我们就可以把你升到品牌首席采购官，如果你感兴趣的话，也可以跳出采购。也许你还可以继续留在埃森，关于工作地点我们可以协商，换句话说，你在这儿的前景很光明。"

"丹，你真是太好了，但是心域食品的这份工作看起来更有挑战性。这家公司有很多事情值得去做，他们的采购组织比我们落后十年甚至更多，他们的财务状况需要快速改善。"我挺直了腰板。"我将负责这一切。"

"但这也同样有很高的风险。在高层，你是单枪匹马。你需要完成的任务，几乎没什么人会给你真诚的建议，那些习惯我行我素的人还会攻击你。"

"我明白，这份工作责任重大。我想我已经准备好了。"

"在这儿，我们也能够赋予你新的挑战。"丹说。

"在心域食品我将会拥有自己的舞台。"我停下看着丹的眼睛。"丹，你一直诚恳待我。如果你是我，你会怎么做？"

丹叹了口气，他看着天花板，然后对我说："如果换作是我，我会接受这份工作。这是一个千载难逢的机会，肯定薪酬也十分诱人。但是，让我先给你些建议。"

"洗耳恭听。"

"不仅仅是罗斯·贝尔科斯基，你也需要与其他高层管理人员建立良好的关系。采购工作不只局限于和供应商互动的真空环境中，作为一名首席采购官需要与其他的高层合作融洽，这样他们才会欣然赋予采购应该拥有的决策权。我认为在这一点上，我们公司内部比心域食品更有效率。我想这也是你作为首席采购官将会面临的最大挑战。"丹站了起来，握了握我的手，"祝你成功。"

首席采购官最佳实践

- 采购部门与首席执行官之间必须有良好的关系。
- 采购部门必须与高层管理人员开展融洽的合作。
- 首席采购官需要说服他人：采购部也应该被赋予决策权。

CHAPTER 5

第 5 章　问题终于解决了

　　与丹谈过之后,我打了辆车回家。快到家的时候,我还在斟酌刚才丹给我的建议。我一直认为对于采购而言最大的挑战就是如何与外部供应商打交道,但是,如果心域食品的采购组织的确比奥腾汽车要落后不止十年,那么我也许会面临很多来自内部的对抗。人们不喜欢改变。想到这背后的含义,我不禁怀疑丹是否在阻止我接受这份工作邀请。然而他的建议显然很诚恳,并且丹并不是一个会扼杀远大志向的人。

　　孩子们看到我回家都非常高兴,我和他们玩了一会儿,孩子们告诉了我这周发生的各种各样的趣事。看到孩子们和海蒂使我重新开始思考关于韦恩堡的事,我感觉整个屋子里即将充斥我和海蒂的对话,不禁觉得筋疲力尽,海蒂也许想等到只有我们两个单独在一起的时候再讨论,所以我们暂且将韦恩堡放到一边。

　　周六早上,跟往常一样,叶卡捷琳娜带着孩子们去上早课。我带着海蒂去附近一家咖啡馆吃早餐。

"你和丹谈得怎么样?"海蒂边问边喝了一小口咖啡。

"他理解我的选择。"我说。

"对你来说,这确实是难得的机会,"海蒂说,"我也这么认为。但是我们有很多问题需要解决,因为我们的生活将会大大改变。"

"我明白。"

"首先,孩子们的学校教育是个问题。大卫刚刚准备参加入学考试,乔安娜已经读了一年半。我们最好给他们找一所德国学校。但是在韦恩堡,我恐怕根本找不到这样的学校。"

"但是去美国可以让他们学好英语。"我说。

"这没错,但是他们在这儿也能学习英文,"海蒂答道。"我们会有办法的。他们很聪明,无论在哪儿都可以适应。"

"他们肯定可以。"我说。我们的谈话似乎有了转机,我感到了一丝希望。

"我也需要考虑我的工作,我们公司确实在韦恩堡有一家子公司,但情况并不理想,我在那儿没有客户,我也不是美国律师。当然我可以办理调职,我已经开始着手申请了。等等看吧。"

"太好了。"

"托马斯,我不太确定这对我未来的职业发展是否有帮助,"她闷闷不乐地说。"在韦恩堡的那家公司很偏远。现在的一切都是以你的事业为重,这一切让我感到越来越像我姐姐了。"

"亲爱的,我懂,"我温柔地说,"谢谢你为我做的这一切。"我不知道该说什么,海蒂也是一样。我握着海蒂的手,陷入了沉默。服务员突然出现,大声问我们还要点什么。我又点了一杯咖啡,尽管我想喝点儿酒,但是现在才上午10点,为时尚早。

等服务员走开后,海蒂对我说:"我的所有朋友都在杜塞尔多夫或在德国的其他地方。在韦恩堡除了那些和你一起打高尔夫的人,我们什么人都不认识。我打赌那儿的每个人都打高尔夫吧。我从来没有玩过,也从不想玩儿。"她咯咯地笑着,打破了紧张的氛围。

"你知道,就算我留在奥腾汽车,我也不会一直留在埃森。不仅仅是在德国,公司会需要我在全世界范围内四处工作,有些地方条件很差。我们还是会遇到同样的问题,只是这一次特别突然。"

"我明白,我愿意为你试着去改变。也许我们会喜欢上那样的生活方式,美国中西部地域更加辽阔。我能够想象得出未来的房子一定比杜塞尔多夫的大得多!一不小心我们就会把全部时间花在打理花园上,当然,我是指我们不打高尔夫的时候。"海蒂笑着说,"我想那儿的花园应该都能比得上德国的农场了!"

"肯定的,我们也许可以在花园打高尔夫。"

"一切都会好起来的。"

喝完第二杯咖啡,我们挽着手走回了家。从现在起,生活将会慢慢变得不同。

插　　曲

每日财经

2012 年 6 月 1 日

心域食品集团——地处印第安纳州韦恩堡的食品加工商心域食品集团正式任命托马斯·萨特为首席采购官。这位有汽车行业从业背景的采购经理人预期会帮助心域食品削减 10 亿美元的采购支出。

市场新闻

2012 年 6 月 1 日

心域食品大力削减外部费用

来自韦恩堡的报道:全球快消食品巨头心域食品集团,通过在公司总部设立首席采购官来加强采购管理。公司预期在未来一年内将会削减 10 亿美元的外部采购成本。

周五,心域食品发表声明任命托马斯·萨特为公司的首席采购官,这是一个新设立的职位,将直接汇报给首席执行官罗斯·贝尔科斯基。托马斯曾任职于德国汽车制造商奥腾汽车公司,是一位拥有资深经验的采购从业者。奥腾汽车的全球采购计划实现了数十亿美元的成本削减,并通过与核心供应商建立独特的创新伙伴关系,加强了市场品牌效应。在托马斯上任后,他将会把在汽车行业(在过去的十年中,汽车行业在采购方面遥遥领先于其他行业)积累的采购经验运用到心域食品。

心域食品目前正处于艰难的市场环境中,大宗商品价格上涨和日趋激烈的品牌竞争,均导致集团财务状况不容乐观。通过新任首席采购官对采购部门的集中整合,公司有望实现大幅度的效率提升。心域食品首席执行官罗斯·贝尔科斯基表示,在整个集团中采购职能一直被忽视,而托马斯上任后将会在第一年为公司节省至少10亿美元。分析师对这一声明表示欢迎,在整个行业股价下跌1.6%的情况下,心域食品逆势上涨3.5%。

HEART and MIND:心域食品集团内部月刊

2012年6月

采购变革启动

我们的新任首席采购官托马斯·萨特专访

托马斯·萨特将在6月正式加入心域食品集团,担任我们的新任首席采购官,他之前在德国奥腾汽车公司工作。近期托马斯与他的妻子海蒂和孩子们(一个7岁的女孩和一个5岁的男孩)已经搬到了韦恩堡。让我们进一步了解托马斯。

汉姆:托马斯,欢迎你来到心域食品集团。听说几天前你们刚抵达韦恩堡。你和你的家人都安顿好了吗?

托马斯:非常感谢。只用几周时间来搬家对我和我的家人而言的确是个不小的挑战。但是,我们都为心域食品和韦恩堡提供给我们的机会而感到兴奋。

汉姆:从德国搬到印第安纳州真的是相当大的变化。你觉得在美国生活怎么样?

托马斯:我的父亲是美国人,他在德国的空军基地服役多年,所以我很熟悉美国的生活方式。事实上,我很期待这样的变化,尤其这能让我和居住在芝加哥的父母离得更近些。

汉姆：托马斯，你是心域食品的第一位首席采购官。你有什么计划？

托马斯：我的任务是从根本上改变心域食品的采购方式，为公司节省更多的成本。用汽车行业的话来说，"我们现在可以开始换挡了。"

汉姆：报道说你的目标是削减10亿美元，这是一大笔钱，你准备如何完成这个任务？

托马斯：是的，这的确是个远大的目标。但是，采购，特别是在汽车行业，在过去的几年里取得了巨大的进步。如果我在心域食品采用这样的最佳实践，这个目标并不是遥不可及的。

汉姆：但是制造汽车和喂饱上百万人是有区别的。你将如何在两个如此不同的行业中调整策略？

托马斯：采购战略的核心是平衡好供求博弈力，由此也衍生出许多方法。只要你的采购团队能够运用这些方法，什么行业并不重要。比如说，购买金属制品和农产品其实都遵循同样的原则。

汉姆：你觉得我们的供应商会有什么反应？最终，削减成本还是得从供应商下手，不是吗？

托马斯：超过一半的价值都是由外部供应商创造的，所以我们自然应该从供应商身上实现支出效率的提升。通过帮助心域食品提升竞争力，供应商与我们的关系将会得以巩固，这也有利于供应商自身的利益诉求。事实上，在接下来的几个月，我们会促成很多双赢的案例。

汉姆：托马斯，这听起来真是振奋人心！下面让我们轻松一下，通过快问快答让读者更好地了解你：

最喜欢的度假地点：冰岛，它就在我的家乡（欧洲和美国）之间，自然风景太棒了。

经常登录的网站：Apple iTunes。

喜欢的食物：海鲜，我父亲做的烧烤。

喜欢的餐馆：在德国杜塞尔多夫的一家东京寿司店。

喜欢的乐队：长发教授（虽然在国际上并不出名，但是影响全世界许多著名艺术家的新西兰传奇乐队)。

　　喜欢的运动：跑步和瑜伽。

　　列举四位最想共进晚餐的人：林肯、爱因斯坦、德国喜剧演员罗里奥特、未曾谋面的祖父。

　　托马斯,谢谢你来参加专访,让我们可以更了解你。恭喜你新官上任,祝你在未来的几个月中一切顺利。

CHAPTER

6

第 6 章　心域食品集团两个不满的采购员

08:12

发件人：保罗·杰克逊 < pjackson@ heartlandconsolidated.com >

收件人：加里·帕克 < gparker@ heartlandconsolidated.com >

主题：你不会相信的……

附件：心域食品将要削减外部开支.pdf(74KB)

早上好，加里：

你这次钓鱼钓得如何？有没有不错的收获？你肯定不会相信你不在时发生了什么……

好消息：罗斯终于发现了采购的重要性。

坏消息：他竟然聘请了一个德国人来担任首席采购官，而不是我们其中的一个！详情见附件。这是他一贯的作风……我们得通过报纸才能得知他的新决定。

更糟糕的是：我怎么也搞不懂为什么他会认为这个家伙能帮到我们。他以前在奥腾汽车干过，难道我们的零食和麦片就跟汽车零件一样？而且他居然承诺一年之内削减10亿美元，他疯了吗？

伙计，回公司后给我个电话。

保罗·杰克逊

采购总监

甜谷物，心域食品集团

08:55

发件人：加里·帕克 <gparker@heartlandconsolidated.com>

收件人：保罗·杰克逊 <pjackson@heartlandconsolidated.com>

主题：你不会相信的……

你好，保罗：

多谢告诉我这个消息，哎，确实令人震惊。这家伙看起来一本正经的，要不是情况这么糟的话，我可真要嘲笑他们了。我们这么多年兢兢业业，上面却空降派来这个家伙，而且立刻号称能够节省10亿美元。不用说，很快他就会认识到农产品采购并不像买门把手那么简单，那个时候他们只能怪他们自己。削减10亿美元？在炎热侵袭中西部之后吗？明尼阿波利斯市谷物交易市场的价格只有一个走势：上涨！

真想看看他削减成本不成而出丑的样子。

我猜你应该还记得我告诉过你罗斯去年的决定，他要我们去说服产品研发那帮人修改产品配方。

祝你好运，戈尔斯基先生！:-)

下午打给你……现在要去和我们最大的酵母供应商开会。

加里

加里·帕克

原料采购

心域食品集团

09：32

发件人：保罗·杰克逊 < pjackson@heartlandconsolidated.com >

收件人：加里·帕克 < gparker@heartlandconsolidated.com >

主题：回复：你不会相信的……

加里，

或许今晚我们可以在 Joe's 喝上几杯。我会叫上鲍勃和米切尔，我们这儿所有人听到这个消息都表示很震惊。

我只希望这真的是罗斯的决定，这样下一次和市场部或研发部的讨论能容易些。刚接到一个采购 N-Bar 活动新包装的任务。我本来可是谈判的一把好手，可是他们总是提出特殊的要求导致价格谈不下来。(6 色印刷，金属涂层，涂漆，浮雕，加厚……)

不能实现降低成本可不能怪我们。

对了，你为什么叫我戈斯基先生？

保罗

12：58

发件人：加里·帕克 < gparker@heartlandconsolidated.com >

收件人：保罗·杰克逊 < pjackson@heartlandconsolidated.com >

主题：你不会相信的……

好主意。我们可以一起商量下对策。你知道他什么时候来公司吗？据说是下周一，但是还不确定。

我和酵母供应商的会议跟我想的一样"有意思"。当然，供应商也看到了这条消息，问我以后会有什么变化。但好消息是：如果我们同意签订 5 年合同，他们愿意把折扣从 2% 提高到 3%。

话又说回来，我记得之前你介绍过"电子竞标"工具。你们还在用吗？我准备在为肯塔基工厂采购大麦的项目上试一试。

戈斯基来自于尼尔·阿姆斯特朗登上月球时说的话。虽然只是听说，不过挺有趣的。你可以在谷歌上搜索"祝你好运，戈斯基先生"。

加里

原料采购

心域食品集团

2：03

发件人：保罗·杰克逊 <pjackson@heartlandconsolidated.com>

收件人：加里·帕克 <gparker@heartlandconsolidated.com>

抄送：罗伯特·米夏尔斯基 <rmichalsky@heartlandconsolidated.com>

主题：你不会相信的……

☺太逗了。

你应该问问鲍勃（已抄送）关于电子竞标工具的事儿。老实说，我没怎么用过。我们碰到了一些技术难题，但是缺乏培训。也许上头可以批准我们开发一套更好的电子采购和寻源的集成解决方案。其实我不太清楚我们真正需要的是什么，但是我知道目前的情况很糟糕。

晚上7点，Joe's见。

P

CHAPTER

7

第7章 我的决定正确吗？

周六早上，我一睁开眼睛就发现窗外风雨交加，乔安娜和大卫正在玩电子游戏。

海蒂看到我醒了，说道："是不是被孩子们吵醒了？只是我也不知道该让他们去哪儿玩，否则我不会让他们打游戏的。咖啡马上就好。"她又加了一句。

我环顾房间四周，到处都是纸箱和打包的行李在等着我们收拾。我朝窗外望去，等着咖啡机煮好咖啡（这是我们从行李中首先取出的东西）。海蒂坐在床边。

"简直要花上一辈子的时间来整理东西，"她说，"我不喜欢搬家。"

"是的，这的确很麻烦。"我说。

"在这样的小镇上，人们会如何度过周末呢，"她问道。"你说这儿有咖啡馆吗？这种天气，你甚至都不能打高尔夫。"

"这儿当然有咖啡馆，"我说。"昨天在我去办公室的路上经过了一家不错的商场和好几家星巴克。"

"你知道我说的不是星巴克。我们甚至不知道该和谁一起去喝咖啡,只能自己去。"

"我明白你的意思,但是今后我们会认识新朋友的,"我说。"这儿的人们很友善。看,已经有两位邻居带着食物过来欢迎我们了。在德国这是不可能的,对吧?我认为这一切很美好。"

"他们的确很友好,但是我们真的不认识任何人,或者说没有什么熟人。而且我也不知道要和人们说点什么。"她说,"我不擅长与人交往,英语也不熟练。我也担心孩子们能不能适应新学校。学校在六周后开学,课程和德国的完全不同,而且全都是英文授课,这对孩子们来说太难了。我们必须请一位辅导老师来帮助他们快点提高英语。"

"这里的人很喜欢踢足球,大卫在这儿会很开心的。"

"是的,但足球不能帮助我们解决所有问题,不是吗?"她斟酌着词句。

"但这是个开始,我们必须从什么地方先开始。昨天的工作怎么样?"

"嗯,挺顺利。"她说,"和杜尔塞多夫有点不一样,但工作还是相似的,我想都会好起来的。我必须先通过这儿的律师资格考试,才能成为执业律师。不过我可以服务国际客户,也可以为其他需要了解德国或欧洲法律的人提供帮助。对了,心域食品怎么样?听你昨晚的描述好像并没有预期的那么好。"

"一言难尽。不知道我是不是早该想到会是如此,也可能是其他深层次的问题。"

"比如说呢?"

"罗斯提出了一些宏大的目标。你看到了《市场新闻》上的评论。他没有从采购部门挑选人选,而是任命我为首席采购官,这让有些人颇有微词。人们有了危机感,并且心域食品的大多数采购职员在这个公司干了一辈子。我对于他们来说就是一个局外人。我觉得他们一定把我当成了罗斯的傀儡,不过这也很正常。我走进办公室就能感觉到周遭的气氛很紧张。当然,我也不相信所有人都会开诚布公地回答我的问题,对这种情况我早有心理准备,但现在的局面还是超出我的想象。他们似乎觉得可以蒙骗我这样一个来自汽车行业的人。"

"可能是你多虑了。"她说,"才刚过去两天,不要那么早下结论。"

"希望如此。"我说,"但是我是还有点担心。昨天,我问大家是否对品类和供应商管理制定了战略。你知道的,就是在奥腾汽车经常要规划的那种三年计划,包括对品类的供求驱动因素的分析,对谈判策略、有竞争力的寻源手段、需求管理和规格变化的规划。可是似乎一切都是空白。"

"托马斯,我是位律师,不是采购专家,我对这些一无所知。"

"话虽这么说,但是你明白这里有问题。大家没有任何计划,每个人都在'救火'。也许是我还没有搞懂他们的工作方式,但看起来这里的一切都缺少章法。我觉得采购部门的人和其他部门也不太交流,奥腾汽车就很看重这一点,比方说,采购部的市场品类负责人和市场部副总裁的办公室就在隔壁。在心域食品,采购部的同事只待在他们的办公室,好像一整天都一直坐在那儿。而且,这几天也没什么供应商来拜访,不过反正他们的会议室也不多,没办法招待太多供应商。虽然这都不是什么大事,但是把问题拼凑在一起就能发现其中的问题还是很严重的。他们大概花太多的时间在操作性的事务上了,现在我明白为什么罗斯很担忧了。"

海蒂笑了笑,说道,"首席采购达人,如果罗斯不是发现问题严重的话也不会请你来了,不是吗?"

"没错,"托马斯答道。"但是事情比我预计的还要糟糕,尽管丹之前警告过我。也许我该接纳他的意见。我现在只知道削减10亿美元是十分艰巨的任务,甚至在目前的状况下,根本难以实现。"

"你现在该不会后悔了吧,托马斯·萨特,我和孩子们可已经跟你跑了半个地球了。"

我能听出海蒂话中的讽刺。"不,不后悔。我喜欢挑战。"我说,但她能听出我并非百分百肯定。我边打开了一个箱子,边在想这个决定是否正确。

首席采购官最佳实践

- 有效的采购需要有序地管理内外部关系。
- 采购的使命应该着眼于战略的制定,力求针对所有重要的支出设计出相适应的品类策略。
- 采购需要整合所有可利用的资源来实现价值创造,在内部尽量削减、简化、自动化操作性事务。

CHAPTER 8

第8章 托马斯在心域食品集团的一天

我在心域食品工作已经快一个月了。因为晚了两个小时下班,我错过了大卫的足球夏季联赛。一群六岁的男孩追逐着一个足球奔跑的场面肯定特别有趣。大卫一定很失望,海蒂肯定也是,她一直认为我陪孩子的时间太少。其实我很想多陪陪他们,可是眼下我实在抽不出时间。

因为有两个与产品部、物流部的内部会议,今天我比平常要更早出发。现在我们有很多问题亟待解决,而且采购被指责为引起这些问题的源头,成了众矢之的。两个会议都比预计花费了更长时间,这使今天的早晨显得格外漫长。他们质问我:"采购部连一个靠谱的物流供应商都找不到,有什么能力实现10亿美元的成本削减?"要知道,在他们提出物流供应商寻源要求和选择供应商时,我甚至还没有被正式任命为首席采购官。早上的会议迟迟无法结束,我不得不推迟了和一家物流供应商的会面时间,而这个会面是因为我们需要临时找一家新的货运代理供应商。

我来到会议室时，会议早已开始了，而且工程师和供应商基本都已经谈妥了，我的采购品类主管根本无法在条款上再展开进一步的谈判。

　　因为还没有吃午饭，我现在饿极了，只好先吃了一个巧克力能量棒。最近总是这样，当我感到很不顺利的时候，就会想吃垃圾食物。这也是为什么我只会给午餐留出半个小时。就在我刚准备去吃午饭的时候，负责油品的采购经理汤姆·贝利邀请我去参加一个谈判。油品是心域食品的核心采购团队，所以，我要求我的团队在与采购量超过50万美元的供应商谈判时，必须通知我。之前汤姆没有告知我，他的采购团队遇到了什么问题。但当我走进会议室时，才意识到他叫我来的原因——供应商提出涨价15%，还威胁他要把产品卖给其他公司。我打断了谈判，并告诉供应商我们不会接受任何涨价。我知道这么做风险很大。

　　我询问了汤姆的谈判策略，他却没有任何想法。通常供应商会提出要求，心域食品表示反对，最后他们互相让步，没有策略，没有技巧。这让我很震惊。我问他有没有可以代替这家的其他供应商，他回答说在市场上几乎没有可替代的厂商。心域食品已经和这家供应商合作了几十年，其他油品供应商都被产品经理拒之门外。我要求汤姆下周找到一家后备的供应商，然后向我汇报结果。他接受任务时表现得非常冷淡，告诉我其实我很可能搞砸了与这家供应商原本和谐的关系。

　　这些天，我发现很多人都在这么做。直到会议快要结束的时候才邀请我加入，然后把要求涨价的供应商和最终谈判扔给我。但是如果他们自己就可以完成谈判实现降价，则不会邀请我。他们想占据全部功劳，整个团队都在玩弄我似的。这对我不公平，但我也只能眼睁睁地看着这一切发生。

　　当与油品供应商的会议结束时，我已经错过了原本很多安排。我必须把和同事们的会议推迟1~2个小时，并顺延整天的安排，这给对方留下了不好的印象。我感觉自己每天都在救火，根本不能集中精力研究战略性的工作。我的团队更加深了我的这种印象：他们总是忙于事务性的工作。当我分配一些战略工作时，他们要么抱怨没时间或者缺少资源，要么就说其他部门已经做过了。老实说，我在这里作为首席采购官的影响力还不及我在奥腾汽车时担任品类负责人的时候大。

首席采购官最佳实践

- 有效谈判需提前准备清晰的策略和备选供应商信息。
- 采购部门及内部客户/利益相关方在采购过程中要精诚合作,一开始就应该对要求、规格设置和备选方案等达成一致。
- 采购人员需要不断更新和拓展对业务需求的认识,以便及时发现更多的可选供应商和备选产品。

CHAPTER 9

第 9 章 在罗斯的办公室

跟罗斯约时间不太容易,他 70% 的时间都在出差。而只要他在办公室,大家都抢着要见他。我们最久的一次谈话似乎还是在法兰克福飞往芝加哥的航班上。"或许应该多和罗斯一起搭乘长途航班。"我自言自语道,然后拿起了电话,拨通了罗斯的助理海伦的号码。

海伦带着一点中西部的口音:"托马斯,不好意思让你等这么久。罗斯得知你要和他会面,刚刚取消了和凯文·伯尔的会面。你在 30 分钟后能过来吗?"虽然最近我和团队相处得很不顺利,罗斯还是很重视我,这让我很高兴。我收拾了下东西,然后向他的办公室走去。

除了电话和电脑,罗斯的办公室看起来像是 20 世纪 20 年代的风格,包括深色的墙和厚重的皮质家具。虽然不是我的风格,但这符合罗斯的风格。罗斯一见到我进来,就站了起来,然后邀请我坐在一个厚重的皮质沙发上。海伦走过来给我们倒了咖啡和茶,还递来了心域食品最近自产的低脂饼干。

"在过去的1年内,这些饼干的销售量达到10亿。"罗斯说,"想想看,从婴儿到退休人员,每个美国人都买了3盒产品。跟我说一说,最近工作怎么样?已经习惯这儿了吗?"

"一切挺顺利的。"我说了谎,"我现在需要你的同意,来正式执行成本削减计划。"

"托马斯,这正是聘请你的目的。你说的'正式执行'是什么意思?"

我解释了我的想法。我们应该系统地审视每一个需要花钱的品类,从油、香料到包装、信息技术。针对每一个品类,我们会分析需求和供应的平衡关系,然后据此选择削减成本的方法,包括鼓励供应商之间的竞争(我觉得油品类上尤其适用)、规格优化、减少使用量以及寻求与供应商的合作优势。我很自信地告诉他,从心域食品之前所做的看来,我们没有尽力在这些品类上做到最好。我们过去的做法和应该采取的策略之间存在差距,因此我们可以为每个品类制定成本削减目标,真正有战略地、系统性地推动成本削减。

我们可以授权品类管理团队来推动目标的达成。这在奥腾汽车是稀松平常的事情,但是对于心域食品来说却是第一次。品类管理团队应该拥有多元化的背景,需要来自采购的、财务的、营销的、信息科技的和研发的专业人才。根据实际品类的需要,团队的具体组成会有不同。

罗斯认真地听着,不时点头表示同意。

"嗯,真巧啊,"我说完后他接着说,"我其实正想和你谈相似的话题。"

罗斯解释了心域食品集团正在面临的挑战。一些人正在向心域食品施加高压,指责其是导致美国肥胖率高的罪魁祸首。一些校区正在计划联合起来抵制心域食品的产品。在YouTube上,有些恶搞广告嘲弄心域食品的产品会导致"心脏病"。心域食品正视这些指责,同时以惊人的速度研发更为健康的新产品。为了应对这些压力,公司付出了巨大的投资,再加上传统产品的销量下降,给公司的赢利带来了巨大挑战。

在股票市场的压力下,罗斯决定全面开展综合性的成本削减计划。他希望我通过实现快速、显著的成本削减来推动这一计划。他希望我带领着其他部门及事业部共同以奥腾汽车的方式解决这一问题。

"托马斯,你是为其他部门铺路的人。全球总部的所有高层管理者都是美国人,他们在这儿可以很有效率,但是在欧洲和亚洲就不好说了。而你有在美国和欧洲生活的经验,可以向其他人传授你的做事方法。"我一时不知该说些什么,罗斯在雇用我的时候到底是看中我的采购经验,还是我的跨文化背景?"想想看你需要我的哪些支持。"罗斯对我说。

回来的路上,我试图消化一下刚发生的事。好消息是我的采购计划已获得许可,同时我获得了比我所需更多的关注。不好的是罗斯暗示我需要在欧洲甚至是亚洲花很多时间。海蒂对此会如何反应?我带着她和孩子们从欧洲举家搬迁到美国,却还是要到欧洲去工作!海蒂是不会支持的。

首席采购官最佳实践

- 战略采购计划的顺利实施需要公司内自上而下的合作。
- 理解品类方面的供需博弈能力对确定潜在机会很重要。
- 跨部门的品类团队合作是取得佳绩的核心。

CHAPTER

10

第 10 章 无处不在的烦恼

生产部门的负责人竟然和供应商(负责供应和安装机器)串通,共同针对我和采购部门,简直令人难以置信。我曾幼稚地以为,采购负责人和生产负责人会通力协作,共同为心域食品争取利益。我真傻啊!我知道公司内部的沟通存在问题。听说公司正在向一个新的加工厂投资,是一笔很大的支出。当我进行审核的时候,发现与奥腾汽车类似的投资相比,该项目价格高得离谱。虽然我知道食品加工工厂和汽车工厂不具有可比性,但基于以往的经验,我仍然感觉这价格太高了。而且,第二梯队的供应商针对相似方案的报价只有该价格的 75%!令人吃惊!

生产部门的负责人瑞克·菲奥里向我解释说,我们不能更换目前的供应商,因为我们已经与他们合作了几十年,他们不仅熟知心域食品的工艺流程,而且临近我们的工厂。

更糟糕的是,要建新工厂这个消息对我而言就是新闻,根本没有人通知我这项新投资的规划会议何时进行。

直到有一次罗斯路过,并问我是否对新的工厂感到兴奋,因为这可能是今年最重要的项目。我当时对他所讲的一无所知,傻傻地愣住了。

我立马打电话给瑞克,但他从来不接电话,也不回电话。我只好直接去他的办公室,询问关于投资的事。对此他很热情,还给我倒了杯咖啡。

瑞克拿出一些图表向我介绍了新计划:巨大的规模、创新的技术、大幅增加的产能,以及惊人的价格——按照常人难以想象的最高规格建造的价值几百万美元的工厂。我问他为什么没有让我参与价格谈判,他却笑了。

他以一种居高临下的口吻说:"托马斯,这是一个相当复杂的工厂,不是复印纸或者小玩意儿。这个是工程学的范畴,所以坦白来说,没采购什么事儿。我已经与供应商进行过谈判,已经敲定了最优惠的价格。跟以往一样,我预留了3%的价格空间让你跟供应商谈判,这样采购部也能取得点儿成绩。"

表面上我可以参与到接下来的会议中,但是我的问题却被无视了。除此之外,一位负责该工厂的年轻工程师(他为瑞克工作,当时也在瑞克的办公室)专门告诉我,我问的问题是对的。也就是说,目前短名单上的供应商都可供选择,而第二名供应商在某些绩效指标上甚至表现得更好。

我知道这是采购部门得以参与到谈判中的绝好机会。我收集了所有的材料和报价,包括罗斯的支持意见,准备同瑞克协商。然而,我和瑞克貌似很难合作,他不愿意采用我的谈判策略,不愿意用减少合作或开发其他合作伙伴来迫使供应商妥协。

我在奥腾汽车的时候,情况与现在完全不同。我还记得当时我和弗兰克·考夫曼(奥腾汽车的工程采购负责人)彻夜准备谈判策略,并最终取得了非常好的谈判结果。我们有时会更换合作多年的供应商,不只是为了节约成本,更是为了带动竞争和寻求新的发展。当弗兰克有新想法时,会寻求我关于供应市场方面的意见和帮助。我们一起仔细研究市场以发现新的思路和解决方案。我们之所以能够成功的关键因素之一就是保持紧密合作,并且面对供应商有清晰的策略。

可能爸爸是对的,我不知道自己会身处这样的境况。因为是美国?因为是这个行业？还是因为是心域食品呢？难道仅仅是对采购的理解不同吗？我不得不承认这是我第一次怀疑我的决定。如果我失败了怎么办？

祸不单行，海蒂对居住在这里很不满意。她不停发短信向我抱怨韦恩堡的缺点，她跑步时还差点被卡车撞了，因为这里连跑步的侧道都没有。她认为这里很无聊，没有社交生活，什么也没有。她说的没错。我工作很忙，也常常出差，因此不像她那样在意这些情况。周末回家无所事事，或者跟孩子吃吃烧烤，就让我很开心了。海蒂也喜欢吃烧烤，我们刚买了一个韦伯烧烤架，我非常喜欢。尽管我们拥有家庭的亲密感，但有时候仍然感到非常孤独。孩子已经融入了当地的学校，但仍然无法跟在德国的时候相比。海蒂认为自己是我事业的牺牲品，她这样想让我非常难过。我知道我对此应该承担一定的责任。

事态越来越糟，我们刚刚结束了和新工厂承包商的谈判。

我和瑞克的关系在我们与供应商谈判中进一步恶化了。我在谈判中展示了一些分析和成本对比，来质疑供应商的方案。但供应商却笑着对我说："换一个供应商很容易，可能价格还会便宜。但是你要知道，我们投放了很多专门的资源帮助你们进行工厂升级，如果你换了供应商，我也不得不将这些资源转走，后果你们自负。"

瑞克立刻就慌了，试图安抚供应商。我永远不会忘记他说的话："不，不。我们需要你，不会给你施加压力。我知道这些年你们为心域食品所提供的帮助，很重视同你们的关系。尽管价格高于其他供应商，但你们总可以按时提供高质材料。"供应商笑了，因为他已经完全掌控了局面。最令我尴尬的是，他说："托马斯来自采购部门，而且是新来的，还不熟悉我们的文化。"

我深吸了一口气，努力让自己保持冷静。接下来我尝试了几次从其他角度进行谈判，但是都失败了。生产部门和供应商的联盟太牢固了。会后，瑞克当着同事的面对我大吼，说我这是用公司的成功来冒险，说我的行为和态度是"不可接受的"；他还说如果这个季度里，赢利最大产品的生产量不能按时满足，后果将是无法弥补的。瑞克走了，我知道他是到罗斯的办公室抱怨去了。我不知道发生了什么，不过罗斯告诉我，要站在瑞克的角度考虑问题。

首席采购官最佳实践

- 采购部门需要系统性地管理利益相关者的关系，进而被接纳为业务合作伙伴。
- 采购部门需要提早介入采购需求的评估。
- 在谈判前，团队需要在策略上达成一致并且做好演练，同时还需要跟生产及其他部门精诚合作。

插　　曲

《今日美国》

2012年9月23日

《(心域食品)心脏病》

观点：终于要节食了吗？

韦恩堡——人人追捧成长，是否健康却无人问津。方便食品行业(心域食品集团)在过去的几年飞速发展，赢利数十亿美金。谁为其埋单？事实上是我们自己付出了双倍的代价：花钱购买垃圾食品，再花钱治疗。

"美味的法国薯条"(35%的脂肪含量加碳水化合物)，或者几乎全是糖的甜点(为了便于营销而叫作"HeartLabama's Sweeties")，愿意花高价购买这些产品的美国人越来越多，与此同时体重也在增长。过去几年，我们见证了肥胖率激增和其他健康问题高发，包括"安妮阿姨的关节疼"和"赫尔曼叔叔的心脏病发作"(如此年轻的他怎么得这种病？)

然而，有些事情也在悄悄发生：最近心域食品销售和赢利停滞，甚至已经开始下降。因为美国人正在变聪明吗？还是我们终于变聪明了？的确，对于健康食品的需求正在进一步上涨。消费方式开始改善，健康食品的市场正在扩大。我们和心域食品都是时候开始节食了。而这掌握在我们手中！

《金融日报》

2012年10月2日　星期五

《探底的股票》

心域集团的股票降级为"抛售"。食品公司新兰公布了令人失望的第三季度财报,对比去年同期的财报,其销量下降了6%,利润下降了75%。该公司未发布第四季度和2013年的前景预期报告。同样受到当前经济不景气的影响,心域食品明显准备不足,仍然保有以往的产品组合,而其竞争者早已进入了收益稳定的健康食品市场。尽管计划削减采购成本10亿美元,心域食品的股票还是处于被"出让"的位置。

《市场杂志》

2012年10月2日

心域食品受到萧条经济的打击

韦恩堡——食品行业巨头心域食品集团公布了史上最差的第三季度财报。尽管公司略有赢利,它将令人失望的业绩归结于经济不景气和国内消费需求的下降,并公布了史无前例的成本削减计划。

昨天心域食品公布了2012年第三季度财报,销售额从2011年第三季度的163亿美元下降至153亿美元,减少了6%;利润从19.5亿美元下降至4.9亿美元,下降了75%。该结果为公司40年来最大的利润下降。如果第四度该公司业绩有所好转,全年业绩会因这一季度的突出表现维持稳定。然而受经济进一步衰退可能的影响,心域食品的高管拒绝预估第四季度和2013年的表现。公司的首席执行官罗斯·贝尔科斯基则在致股东信中公布了一个宏大的成本削减计划。

"当前市场影响下,减少外部开销是最有效率的。"贝尔科斯基写道,"因此心域食品即将在全公司范围内推行采购成本削减计划,预计削减采购成本10亿美元。该计划由公司的首席采购官负责。只要能够在接下来三个月实现成本节约目标,我们有信心看到公司在短期内改善财务状况。"首次的节省对公司第一季度的赢利影响很大,我们希望公司的财务状况能够尽快改善。

然而几乎没有股票分析员支持贝尔科斯基的乐观。很多人认为心域食品业绩令人失望的原因之一,是未进入日益扩大的健康食品市场。大多数人把它的股票降级为"抛售"。昨天,心域食品的股票在华尔街下跌了7.1%。

活动了一个小时后,我感到平静了很多。跑步时我已经不再去想瑞克,而开始考虑明天将要向全球采购团队宣布的项目:一个涉及50亿美元的大项目。

我觉得心情好了许多,跑回了家。

晚饭的时候,海蒂主动问起明天重要会议的事,那一刻仿佛又回到了我们在杜塞尔多夫的时光。

晚餐后,我回到书房,开始全身心地准备会议。

CHAPTER 11

第 11 章　难堪

　　我的人生信条之一是没有任何人或事可以阻碍我实现目标。在面对以往的职业挑战时,这句话对我很有效。通常当我感到不顺心时,我都会去跑步来缓解压力和平息怒气。所以,和瑞克闹翻后,我回到家换上了运动装备。自从海蒂上次差点被卡车撞到,我们就仅在附近有人行道的区域运动了。而且因为下班后,天已经完全黑了,我也不可能去玉米地跑步了。活动了一个小时后,我感到平静了很多。跑步时我已经不再去想瑞克,而开始考虑明天将要向全球采购团队宣布的项目:一个涉及 50 亿美元的大项目。我希望整个团队都能够支持这一计划,并且共同努力来实现目标。

　　我到心域食品还不满 5 个月,其实我可以把一切的不顺归咎于我还在适应阶段。但是因为我一直对自己有很严格的要求,所以我没有归罪于外。也许到目前为止,大家还不知道和瑞克的争吵其实并没有给我带来多大的影响。而且在跑步的时候，我已经构思好了全盘计划来实现这50亿美元成本节约的目标，并且我还会利用我在奥腾汽车的经验来实现这一目标。我打算接下来首先分析心域食品的总支出，识别速赢机会，然后召集品类管理团队来做出系统的采购战略以降低供应商成本。虽然这只是开始，但它让我感觉好多了，看来花时间跑步是值得的！

我觉得海蒂已经听够了我的抱怨，所以我没有将瑞克·菲奥里的事情告诉她。但当我们在准备晚饭的时候，海蒂主动问起明天重要会议的事，那一刻仿佛又回到了我们在杜塞尔多夫的时光。晚餐后，我回到书房，开始全身心地准备会议。在韦恩堡的房子比在杜塞尔多夫的大得多。在杜塞尔多夫，我的书桌就在我们的卧室里，如果海蒂比我早休息的话，我就不得不拿着笔记本电脑到其他地方工作。现在我们有各自的书房，在我的书房可以看到后院与玉米地。听着亨利罗兰（美国歌手）的音乐，翻看着幻灯片文稿，这一切让人很安心。

"哔，哔，哔"，我按掉了闹钟。5点起床可不是一件容易的事情，但是在心域食品，人们习惯在7点开始与海外同事开会，所以我不得不这么早起床。当我正在一边打开咖啡机，一边在iPhone上查收邮件时，看到了让我目瞪口呆的事。北美最大事业部（就位于韦恩堡）的采购总监将不能参加今早的会议，原因是"某个正在升级的工厂发生了一些运营问题"，只能派代表来参加会议。而同时，肉制品工厂的采购总监因为暴雨被滞留在了达拉斯机场。这意味着北美地区关键的三位采购总监中的两位将不会参会。我不能接受这种理由缺席会议。如果在奥腾汽车遇到这样的情况，他们会选择派代表去解决运营问题，也会设法避免滞留机场。我真是无法接受，简直火冒三丈。

6点钟，我来到会议室再次确认一切是否就绪，咖啡、茶、松饼、带奶油干酪的面包圈都已经布置完毕。投影仪也已经调试完毕，我准备了很多份打印稿，还亲自调整了椅子的位置，避免会议室里坐满40个人时太过拥挤。在40个与会者中，我只认识北美团队和17个欧洲同事中的7位。

7点的时候，房间里已经有了30个人，其中包括6位美国团队成员（包括那个代替总监来参会的人），日本联合运营部门的采购总监，以及15位欧洲的团队成员。在欧洲团队中有个奥地利的同事有些聒噪，可能因为是第一次来到美国而有些兴奋。他的英语也相当难懂,似乎是想用音量来掩盖英语能力的不足。我决定不等那些迟到的人,准时开始会议。

自我介绍环节很有帮助,我也尽力记住每位陌生的同事。在介绍完成本削减项目概况以及采购相关的部分后,我询问与会者对于50亿美元目标的看法。会场一片寂静,于是我点名提问那个代替采购总监参会的代表。他开始了各种抱怨,从小麦价格上涨、生产故障、包装材料短缺,到市场部提出的各种不合理需求等。这引发了其他与会者的共鸣。我不得不用茶歇来中止这些牢骚。

休息过后,我继续陈述我的计划。通常情况下,我还算是个不错的演讲者,能够应对各种听众反应,但是今天是我第一次面对如此冷冰冰的听众进行演讲。整个会议室里,每个人都面无表情,对我讲的笑话也丝毫没有反应,当然除了那个奥地利人。我开始头顶冒汗,声音嘶哑。在场面彻底失控之前,我试图引导大家讨论如何收集数据用于支出分析,来提高大家的参与度。然而讨论的结果令人沮丧。大家别出心裁地找各种理由否定提议,并提出加大IT投资的要求。

会议一直以这种状态持续到中午。我实在是筋疲力尽了,更别提心中的郁闷了。我在办公室放下东西,准备去参加在镇上另一头的会议。在去停车场的路上,我碰到了瑞克,他得意地笑着说:"我听说今天的会进行得不错嘛!"

首席采购官最佳实践

- 为了使一个项目真正成功,你需要与团队在情感层面进行互通,而不能仅仅关注于项目内容。
- 为了得到必要的支持,需要与团队进行更多的非正式沟通:一场正式的演讲虽然体面,但并不足够。
- 永远不要低估为了建立团队、管理团队所需付出的精力。

CHAPTER 12

第 12 章　遇见约翰·麦格拉斯

开车可以帮助我整理思绪。所以我选择了开车去芝加哥,参加我父母家的户外烧烤。我心不在焉地询问海蒂是否要一起去,她拒绝了,说想休息一天。我父母上个月刚来拜访过我们,所以应该也不会介意海蒂不去。

周六,我终于可以从工作与家庭的双重压力中解脱出来。我非常喜欢我跟父亲的相处方式。他本身话不多,也不介意几周没有我的消息,因为他知道没有消息说明我一切顺利。但是我知道我随时可以向他寻求建议,比如在那场让我难堪的采购会议之后。我不能跟海蒂谈论这些,因为她已经被自己的工作搞得筋疲力尽了。而且她一定会责怪我还没考虑清楚后果就贸然行动,其实我也开始这么觉得了。

我父亲很快就明白了我的处境。"嘿,听上去这可不是能在电话里说清楚的事情。"他说,"你明天下午来一趟吧?我们在准备户外烧烤招待一些朋友,这可能是今年最后几天暖和的日子了。你还记得约翰·麦格拉斯吗？他也会来。"我对约翰只有一个很模糊的印象了。他是我父亲的一个老朋友，他们一起在越南服役。小时候他每次来我们家，都会给我带飞机或火箭的模型。

当我开到家门口时，已经闻到了烧烤的香味，路边还停着三辆车。母亲在门口迎接我，"Pass auf, mach dich nicht schmutzig."（小心，别把身上弄脏了。）她用德语说，我抱了抱她。她已经在厨房准备好了汉堡与配料。虽然她在几乎纯英语环境中生活了那么多年，她的德语却没沾上一点美式口音，我很佩服这一点。

下午的时光惬意悠闲，我父母的朋友们都很令人愉快，我给他们看皮夹里的照片，他们都夸我有漂亮的妻子和孩子。傍晚时分，除了约翰以外，所有的宾客都离开了。我们四个清理了剩菜和盘子，坐在门廊下品尝我带去的雷司令干白葡萄酒。"给我们讲讲发生了什么吧。"父亲说道。

我开始讲述前几周发生的事情：我在奥腾汽车成功运用的技巧在心域食品似乎丝毫不起作用，除了罗斯·贝尔科斯基以外的每个人都瞧不起我。我的彻底失败只是时间问题，而那时我将没有办法再回到奥腾汽车。更糟糕的是，我把海蒂也带入了这样一个糟糕的境况。为了我，她只得在韦恩堡孤立无援地工作，这也危及到了我们的婚姻。

尽管我生性乐观，这一刻也不免有些自哀自怜起来。我的父母和约翰安静地听我诉说着一切。最后，我父亲开口说："我的儿子，你知道生活给了我很多启示。其实很重要的一点就是：很多事情并不像刚开始时看上去的那么糟或者那么好。所以放轻松，拿出你最好的表现，你会发现一切都会好起来的。"

我想反驳也许我最好的表现并不够好到让一切好起来，但说这个似乎不合时宜，所以最终我什么也没有说。也许当还是孩子时，向父亲寻求帮助可能是个好主意，但长大成人后，可能已经得不到我想要的答案了。

我的父亲转问约翰："你怎么看？"约翰吸了一口烟，缓缓吐出。

"好吧，我对采购一点都不了解，但是我对如何跟人打交道还有些研究。看起来你遇到的是怎么处理人的问题。"

"托马斯，我从没跟你提起过，约翰可以称得上是国家的无名英雄。战争结束后,他一直从事外交工作,如果没有他,我们可能还要多打几场像越战那样规模的战争。所以,你得好好听听他的意见。"

在我开口之前,约翰已经站起身,"我很乐意跟你聊,但不是今晚。我需要休息了。明天早上到我的船上来一起吃早餐吧,你父亲知道在哪儿。"随后,他同我们告别,走向了他的车。

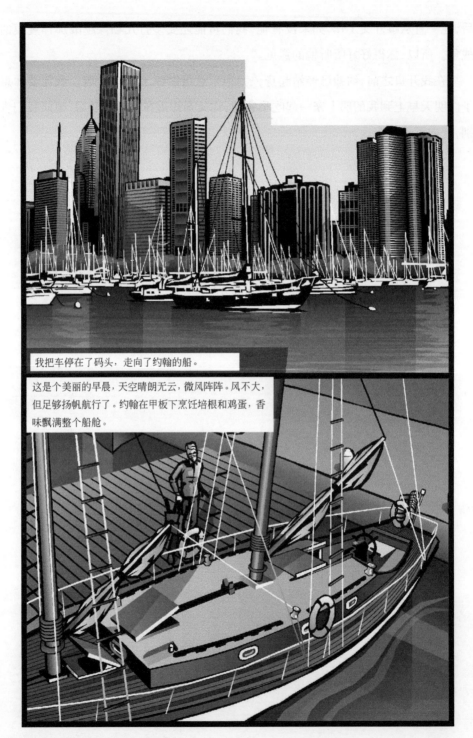

CHAPTER

13

第 13 章　捕捉人们内心的想法

　　我急切地想要再与约翰见面。昨晚畅快的倾诉让我感觉好些了,但我希望他不要觉得我是个爱抱怨的人。刚在奥腾汽车工作的时候,人们曾说我是个抱怨鬼。从那以后我改变了很多,只是有时候消极的情绪还是会滋生。

　　我把车停在了码头,走向了约翰的船。这是条翻新过的木头船,我猜它已经有八九十年的历史了。后来,约翰告诉我这条船已经 98 岁了,一直被其家族所拥有。这是个美丽的早晨,天空晴朗无云,微风阵阵。风不大,但足够扬帆航行了。约翰在甲板下烹饪培根和鸡蛋,香味飘满整个船舱。我带了些新鲜的面包和酸奶。驾驶舱旁边的桌子上放了一大碗水果。我坐下与约翰共同享用早餐。一开始他默不作声,我试着打破沉默:"这儿真棒,能有这么一条船在海上悠然打发时间真是太好了。"

　　"是的,这的确是个美丽的地方。"他应声道。

不打开话匣子怎么能听到约翰的建议呢？于是我继续说道："这个菠萝味道好极了，熟得正好。在德国，我们可没少吃生菠萝。"

约翰说了一句："水果需要时间来成熟。"就在我以为又要冷场时，约翰继续说道："享用水果是我每个早晨最重要的事，就好像是在品尝大自然和生命，对我的身体健康有益。保持身体的强壮和思维的敏捷就是健康，并不是说非得跑个马拉松才是健康。"

然后他仿佛打开了话匣子，说他对于我昨晚会那么毫无保留地谈起工作感到有点意外。昨天晚上和今天来码头的路上，他都在考虑我所说的问题。今天早上6点他就上船了，因为他喜欢从船上观赏日出。

"托马斯，我们正坐在船上，而我已经欣赏了一场非常美丽的日出。我很喜欢看太阳升起，黑夜变成白昼，温度也随着升高。对我来说，日出意味着崭新的一天，这也许也是它吸引其他人的地方。你也应该好好地体验一下欣赏日出的感受。"

老实说，一大早就探讨如此深刻的内容让我有些不适应。虽然我还从未这样看待过日出，但我明白他说的没错。

"而且，"约翰继续说道，"这可以回答一部分你在心域食品遇到的问题。你太过于关注关键节点、会议和时间安排。它们的确很重要，但是不代表着全部。你是否考虑过你下属们的感受？如何能够取得他们的信任？如何能够激发起他们对于工作的激情？最终如何使你的工作也更成功？"接着，约翰给我讲了一个故事：在没有资金支持和发生流血事件的情况下，他是如何成功推翻了一个南美独裁者的。我记得他以前是正式的外交代表团成员，但是我父亲曾经猜测他可能是中央情报局的。

我跟这个彻底扭转了某个拉美洲国家历史的男人坐在船上，听他说起曾经在努瓦安达卢西亚（西班牙南部）参加过的革命起义。"我接到总统本人的授意，尽一切可能去'说服'一个正在搜刮国家，迫害国民的独裁者放弃政权，同时不能显露出与美国有关联。我很清楚在长达35年的专政之后，最有可能的改变必须从国家的内部发生，这个国家的人民必须有强烈的革新意愿，所以我的团队前往了努瓦安达卢西亚。

到达那里之后，我们试图了解当地人的想法，他们的信仰以及政治体系。然后我们意识到这个国家存在两个严重问题：闭关锁国和粮食匮乏。对此我们策划了一套方案。我们获悉以往美国提出的粮食支援都被努瓦安达卢西亚政府拒绝了，但我们同意美国将再次提供粮食援助。在国家的东南部，我们与当地的大学和思想先进的社区关系良好，一旦当局政府再次拒绝我们的粮食援助，这些"反政府"团体将开始举行示威。同时，我们还得到了当地媒体的支持。努瓦安达卢西亚的军队对新闻中心发动的袭击，以及镇压学生和教授的场景都被电视新闻全面报导。饥饿的民众无法接受当局政府拒绝美国的粮食支援的事实。当天夜里，成千上万的民众走上街头示威反对当局政府，且人数一直在不断地增加。三天以后，当局政权在没有任何抵抗的情况下卸任。我们秘密将其护送出境。所以这样一场没有流血的革命获得了成功，只是因为我们得到了人心。"

约翰停顿了一下后，又继续说道："如果你真的希望执行变革，托马斯，你必须先赢得人心。从我的故事里你可以知道这并不容易，但是如果有周全的计划和完善的实施方案，你一定能够成功的。"一只海鸥在我们四周盘旋，啄食掉落在地上的面包屑。当我还在回味他的话时，约翰走进船舱又倒了杯咖啡。然后，他升起船帆，带我们离开小船坞，驶向海域。今天的风力能达到5节(海里/小时)，我喜欢风扑面而来的感受。

约翰没有再说话，我试着开口："那么关于……"他打断了我。

"托马斯，你昨晚抱怨了很多事。老实讲，你是否常常在心域食品觉得你是个受害人？一个被同事'迫害'的人？"

好吧，我觉得就是那样的。

他站在方向盘前看着我。"我对这艘船负责，可以决定该如何驾驶它。这一切是我的责任，我不该推卸给风、潮，或者其他的人和事。这也正是你人生中需要去做和去改变的。你现在却把自己当作无辜的受害者。"

唉，我还从未遇到说话如此直接的人，但是他仍继续说道。

"如果一个受害者因为某种刺激而产生消极的感受，那么他的行为也会非常消极。举个例子,如果你跟朋友约会,但是他迟到了。作为一个受害者,你心里会非常烦躁,那么当你的朋友到来时,你的外在反应也会非常消极,你将无法度过一个美好的夜晚。但如果你可以有意地管理自己的情绪,那么当他迟到的时候,你就能积极地看待这件事。你可以这样想:太棒了,我多了 10 分钟来回复邮件,今天晚上就能够专心地享受与我的朋友共处的时间了。你需要从一个受害者转型成掌控者。"

然后约翰安静下来,我需要好好消化他所说的这一切。

我们在水上度过了一整天,除了航海什么都不做,充分享受自然风光。过了一会儿,他又跟我闲聊了几句,然后便是长时间的沉默。难怪他能跟我父亲成为朋友。我有太多东西要去思考:如何捕捉人们内心的想法,以及如何成为一个"掌控者",并且更积极地思考问题。

首席采购官最佳实践

- 要想进行一场成功的转型,你需要先赢得人心,其余即可水到渠成。
- 不要过于专注在会议,行程与计划。人,才是关键。
- 做生活的掌控者,不要老是把自己置于受害者的位置。

CHAPTER

14

第 14 章 过于简单化

在回韦恩堡的路上,我回想起跟约翰一起度过的周末,实在觉得有点浪费时间。应付我父母那些穿着可笑的夏威夷 T 恤衫的朋友,简直在挑战我的耐心。而且我觉得不应该向父母抱怨,那样的我就好像是个 7 年级的小孩。更糟糕的是,父亲最终把我打发给了约翰,我原本是想跟父亲谈谈。我知道约翰是父亲的老朋友,但我的事与他无关。

虽然早餐很棒,出海航行很惬意,天气也出奇的舒适,但我觉得约翰有些夸夸其谈。那天在船上,他所说的关于"受害者"与"掌控者"的区别听上去言之有理,但当我开着车回到现实生活时,这些道理迅速淡去。这并不能改变瑞克·菲奥里的无礼让我产生的不悦。

有关努瓦安达卢西亚的故事非常精彩,但是我并没觉得这与我的生活有什么联系。我只希望在心域食品得到认可,而不是来一场轰轰烈烈的革命。现在我开始为丢下家人独自过周末而感到内疚。

在加油的时候,我习惯性地查看电子邮件。周日的傍晚通常没有很多新邮件,然而我惊讶地发现了一条来自约翰的信息:

托马斯,今早与你一起出海十分愉快,希望我的话对你有所帮助。我知道你在试图管理好你的情绪。40 年前,当我刚开始服役时,也觉得这很困难,并且我所教导的大部分新人也都面临过一样的困难。我所能告诉你的就是这的确有效。试着回答一下问题,可能会对你有所帮助:

1. 你做当前事情的原因是什么?是什么促使你加入现在的组织?
2. 你希望身边的人们怎么做?
3. 你愿意为身边的人提供什么帮助而使他们获得成功?

在我的一生中,曾经历过很多失败与失望。每当最绝望的时候,回答这些问题都能帮助到我。

祝好,

约翰

我难以置信地盯着手机,与约翰一起花了整个周末就得到了这几个无关紧要的问题?这下我只能告诉海蒂我是如何浪费了整个周末,她一定会不高兴的。而明天我又将面对我的团队。过去的 36 个小时真是个大笑话。

我终于回到了家,孩子们正穿着睡衣在客厅的地板上玩耍。"嗨,你们准备好去睡觉了吗?"

"还没呢,爸爸,我们在这儿玩了一整天。"我听到海蒂从房间里走过来,忍不住冲她问道:

"为什么他们今天一整天都没出去玩?我们的大院子到底是派什么用的!"海蒂盯着我看了很久,然后把我抓进书房。

关上门后,她压低声音说道:"托马斯·萨特,你凭什么这样说我。你把我们带到这个鬼地方,自己整周都不见踪影,然后周末跑去芝加哥不知道在干什么,连一个电话都没有打回来过。你回来的第一件事情就是指责我？你有关心过我们过得怎么样吗？大卫着凉了,你知道他咳成什么样了吗？早上3点他在自己的床上吐了,我花了一个小时帮他清理,还要整理他的床。然后他在我们的床上睡了一会儿又吐在了床上,还有我的头发上。更糟糕的是,我明天一大早还有一个重要的会议要准备。你别忘了你不是家里唯一要工作的人。所以,在我忍不住在孩子面前说出会让我后悔的话之前,请你从我眼前消失!"

我不知道该说什么,只好回到书房,后悔刚才对海蒂的粗鲁与不体贴。然而我都不知道该怎么道歉,海蒂可不是那么好哄的。她个性强硬,需要花些时间来冷静。如果我没进入约翰所说的"受害者"模式的话,也许这一切都不会发生。

周一来临,天气跟我的心情一样糟糕。海蒂非常勉强地回应了我的"早上好"。我试着平复心情,开车去上班。一走进公司,就觉得人们都在对我窃窃私语。我努力试着摆脱这种念头,开始了今天的第一个会议。

开会时,我很难集中精神,脑海里不停地回想着其他无关的事情:与海蒂、与瑞克·菲奥里的争吵,上周五的难堪和约翰的建议。如果内心对一件事情的反应真的取决于我怎么来解读它,那事情又会变成什么样？昨天,我误以为海蒂没有好好照顾孩子们,而事实上她花了很多时间来照顾大卫。还有今天人们的窃窃私语更是让我苦不堪言。如果我心情很好,是否还会注意这些？当我在心中列举近期发生的事时,才意识到对这些事我本可以有完全不同的解读。

"托马斯,你同意吗？"加里·帕克有点不耐烦地问道。我有点结结巴巴地回答:"当,当然,继续说吧。"我觉得脸上有点发烧,为自己走神而感到羞愧。通常我很容易集中注意力,甚至还以此为傲,但那都是在到心域食品之前。为了避免再次难堪,我试着把担心与困惑抛到一边,投身于一个接着一个的会议。不过我今早已经决定晚上再好好考虑一下约翰的建议,回答那些问题至少没什么坏处。

四点的时候,我收到海蒂的一条信息:"要加班。请五点半去接孩子。买牛奶,面包和晚饭食材。爱你的海蒂。"我看着屏幕,短信的结尾让我舒服些了,也许海蒂已经原谅我了,但也很难说。自从海蒂开始工作后,接孩子成了难题,即使他们已经参加了校后班。跟杜塞尔多夫很不一样的是,她这边的公司通常希望员工每周有几个工作日待到晚上8点以后,如果有需要完成的紧急项目,甚至要加班到半夜。这让海蒂很不习惯。虽然目前我的工作时间还比较灵活,但是我即将要去海外出差。我们非常需要一个可靠的保姆,也许我可以通过这件事取悦海蒂。

我在网络上搜索"保姆+韦恩堡",被"保姆用棍棒殴打9岁的印第安纳女孩致死,并用钢锯分尸"的新闻吓到了。我靠在椅背上,试图回忆我们是如何找到叶卡捷琳娜的,好像是邻居推荐的。只能再等等了,我可无法在会议间歇作这么重要的决定。

接孩子放学是个愉快的时刻,他们从学校里冲出来,背后的书包也跟着上下跳跃。在回家的路上,我们经停一个大型的杂货店。在美国购物可比在德国方便多了,商店更大,种类更多,店员更加友好热心,最重要的是营业时间更长。在杜塞尔多夫,所有商店在周日都不会营业,但美国不是。

我们到家后,我开始准备晚餐。

CHAPTER 15

第 15 章 真言一刻

回家后,我边检查孩子们的家庭作业边给他们烤了一个冷冻披萨饼。我自己不打算吃任何东西,我最近体重增加了不少,最有效的减肥方法就是不吃晚餐。所以,我开了罐健怡可乐,跟孩子们坐在一起,看着他们津津有味地吃着披萨,询问他们今天过得怎样。我努力地认真听乔安娜和大卫讲故事,而不去想在心域食品这么多的未解决的问题。安顿孩子们上床的时间比预想的长了些,因为听说学校里有些同学长了虱子,所以我给他们用了专用洗发水预防一下。洗头时,我们用泡沫摆弄了好几个可笑的发型,三个人乐不可支。

等到孩子们入睡,我终于有时间再次思考约翰的问题,看看是否会有不一样的答案:

1. 你做当前事情的原因是什么?是什么促使你加入现在的组织?
2. 你希望身边的人们怎么做?

3. 你愿意为身边的人提供什么帮助而使他们获得成功？

放上一张爵士乐唱片，倒一杯苏格兰威士忌，我拿起一本黄色的笔记本，开始写下第一个问题的答案："我现在做的都是为了我的家庭，特别是为了我的孩子，为了给他们提供良好的生活。"这个答案毋庸置疑。

对于第二个问题，我写道："我希望我的团队可以基于心域食品集团的利益，发挥他们的创造力和灵感，实现并远超成本削减目标。"然后第三个问题，我写道："我愿意为我的团队做额外的努力，长时间的工作，甚至牺牲周末来实现我们的共同使命。"

在写下这些后，我确信仅靠回答这几个问题就想改变世界的想法是多么天真。我又倒了一杯苏格兰威士忌，听着音乐。但当我的目光再次徘徊到笔记本上时，停留在我的第一个答案上："……特别是为了我的孩子，为了给他们提供良好的生活。"突然间我似乎又坐回到了晚餐桌边，兴奋地听乔安娜和大卫分享他们白天的经历。然后我又仿佛看到大卫整个周末与咳嗽斗争，吐了好几次，以及海蒂一次又一次地清理着一切。我觉得喉咙有点发堵。我回忆起更久以前的事情，当我自己还是个小男孩时，与父母一起坐在餐桌边，聊天、吃饭、开玩笑……突然，我意识到成长过程中真正重要的是：父母的陪伴、被他们宠爱和得到他们的认可；而我们身处何处并不重要。我盯着答案看了一会，撕了那页纸，准备写下我内心真实的答案。回答这些问题远不是我所设想的"20 分钟测验"那么容易，这不禁让我心里一惊。我迫使自己继续开始写答案：

- 我到这儿来，是因为可以成为一家上百亿美元公司的首席采购官，并且希望成为彻底改善心域食品采购状况的传奇人物。
- 我希望我的团队可以理解、接受和欣赏采购的领先实践，并更加努力地去实行它们。
- 我希望可以贡献我在汽车行业累积的专业采购经验，这比心域食品目前的状况至少领先了 10 年。

我注视着面前的答案。海蒂牺牲了在德国蒸蒸日上的事业，乔安娜和大卫离开了他们的朋友，都是为了能够让我追逐我的事业，以及从我甚至都不认识的人那里赢得声望。我都不清楚自己是更惭愧还是更震惊,应该都有吧。你永远不会愿意承认自己和其他人一样的浅薄和自私。其余我想要的东西,全球的工作团队、声名远播的成功事迹以及如鱼得水的社交生活,我早已经在奥腾汽车得到了。

我把纸撕得粉碎,揉成一团扔进垃圾桶。我开始真正意识到全方位地回答约翰的问题有多难。不过我并不打算放弃,我试图通过这三个问题找到自己真正需要什么,这也是为了海蒂跟孩子们。无论如何,心域食品提供了新的机遇,而且毫无疑问是一个很好的机会!现在需要把这些零星思路拼凑在一起,去发现真正的关键所在,以及心域食品的独到之处。

在一番纠结与沉思后,我最后一次回答约翰那些问题,用我最真实的答案。哪怕有些答案我过去未能做到,未来我也将实现它们。打开我的苹果笔记本电脑,我在 Word 上开始编辑。一个小时一晃而过,我终于写下了让自己满意的回答。时间已过半夜,我再一次审视着我的答案:

- 我来到心域食品有很多理由。第一个原因非常通俗,我希望赚钱养家。比如说,给我的孩子们提供更多的机会,给他们提供最好的教育,开阔他们的眼界。我希望我的家庭可以通过一起经历这些来建立更紧密的联系。
- 第二个理由是,我希望做一些不一样的事情。我刚读完了史蒂夫·乔布斯的传记,他希望自己能够在这个世界上留下一道印记。好吧,我不是史蒂夫·乔布斯,但我也希望能够有所成就。
- 第三个原因与第二个有些关联。我喜欢得到肯定,有时候他人的赞赏能极大地激励我。我的父母尤其了解如何用表扬来激励我表现出最好的一面。在奥腾汽车,我也始终在工作上得到了相应的认可。我希望在心域食品也可以得到一样的成功。
- 第四个原因是,我一直是一个很好的团队成员,喜欢加入有凝聚力的团队。我在学校参加了多个运动队。在奥腾汽车,我一开始就加入了一个很棒的团队,后来还自己建立了一个成功的团队。在心域食品,私下里我还是很喜欢大部分人的,只是很难在这边激发出一种集体精神。
- 但是,我仍然对为心域食品工作抱以极大的热情。心域食品是享誉全球的品牌。事实上，小时候跟父母在空军基地生活的时候，我就是吃着心域食品的产品长大的，因此能够为心域食品工作让我备感自豪。而且，心域食品的确轻视了采购部门，我很有信心能够帮助心域食品战胜它目前遇到的挑战。

- 我希望周围工作的人们可以做到：
    - 专注于他们的工作；
    - 对心域食品忠诚；
    - 思想开明；
    - 努力做到最好；
    - 诚实而可靠。
- 我愿意帮助我周围的人取得成功。在过去，我能够很好地平衡团队成功与个人功绩。在心域食品，我愿意付出更多；我甚至愿意自己退居幕后，让整个团队发光。

看着这些答案，我觉得第三条，就是有关我喜欢得到肯定的内容也许还需斟酌，但这可能是我能否在心域食品取得成功的关键之一；并且如果我能够真正使我团队成员都表现出色，这一点就会大不相同。在我关上电脑之前，我给约翰发送了一封感谢信：

约翰：

非常感谢你昨天给我的建议，这对我现在的境况非常有用。我觉得自己已经两次陷入了"受害者"的模式，一次是在家，另一次是工作上。如果我通过重新解读这些事来控制我的反应，即如你所说，像一个"掌控者"那样的思考，我本可以避免与妻子的争吵，也可以更高效、更快乐地工作。从明天开始，我会试着做得更好。另外，我还研究了你发给我的那些问题，回答这些问题让我发现了一个解决方法，也许可以改变现在心域食品的这一切。我知道这些答案更多是帮助我自己思考，但我还是把它附上了，如果你感兴趣的话，可以看看。

祝好，

托马斯

这个时候,海蒂回来了,她把自己埋进沙发里。她的沉默让我以为她现在没有心情谈话。但让我惊讶的是,她主动开口了,疲惫的声音中透着轻松愉悦:"亲爱的,你今天过得怎么样?孩子们都好吗?我今天的工作真是太疯狂了:我们的一个案子险些要搞砸了,但后来我们变更了策略,最后居然做成了!老板非常高兴,还把我单独叫进去表扬了一番。我觉得我们应该在睡觉前干一杯,怎么样?"

我也放松下来。"亲爱的,听到你过得开心我也很高兴。心域食品还是老样子。说到孩子们,嗯……我们收到一个防虱子的通知。其他都挺好的。"

海蒂看上去有点担心。

"哈哈,别担心,只是学校里有一两个孩子身上发现了虱子。我们已经采取了预防措施,不会有事的。我觉得干一杯这个主意不错。"我一边打开酒瓶,看着海蒂,踌躇了一会儿,问道:"你喜欢韦恩堡的生活吗?我的意思是,你真的很伟大,在公司加班加点,还要收拾新家和照看孩子。是什么让你能够为我们做这么多事情?我是说,你觉得还挺得住吗?"

"可能是因为我对你的爱吧,亲爱的,而且因为我知道只有当美国总统,或者至少是当心域食品的总裁才能让你高兴……"

"好吧,还是你懂我。说正经的,有没有什么需要我帮忙的?"

"托马斯,我觉得心域食品对你来说是一个绝佳的机会。如果你没有接受这份工作,你的余生都将会为此而后悔,而我们也会受到你的影响。事实上这对我们所有人都是一个好机会,尤其是孩子们。他们将真正开始使用双语,并且能够在不同的文化氛围中长大,从而有更开阔的视野和良好的个性。我觉得这一切都是非常值得的,只要是有利于乔安娜和大卫的成长,任何代价我都愿意付出。"

"我也是。"我肯定地说。我坐下来开始回想今晚思考的一切,回头看到海蒂已经在沙发上睡着了。过了一会,我在考虑是否像以前那样把海蒂抱上床。通常她会醒来,然后我们会度过一个美好的夜晚。但考虑到我们已经都不再是25岁了,孩子们通常在生病的时候又很容易醒来,我还是给海蒂盖了条毯子,轻轻亲吻了她一下。然后拿着酒杯,坐在她身边看着她安然入睡。是的,我非常爱海蒂,我由衷地感谢她的支持,还有今晚的真言一刻。

首席采购官最佳实践

清楚地了解你的个人动机：

- 你做当前事情的原因是什么？是什么促使你加入现在的组织？
- 你希望身边的人们怎么做？
- 你愿意为身边的人提供什么帮助而使他们获得成功？

CHAPTER 16

第 16 章　议程

　　这天晚上我没有睡多久,不同于以往,早上 5:12 分我就醒来了,并且觉得浑身充满了力量。在经历了那么久的焦躁不安之后,我终于有了一个计划。外面还是一片漆黑,太阳通常要 7:30 以后才会升起,不过我还是换上了我的运动短裤和跑步鞋。我蹑手蹑脚地打开房门,生怕吵醒海蒂。

　　外面非常冷,接近零度了。我想我可以教教孩子们摄氏 16 度和华氏 61 度的区别,想着想着我忍不住笑了起来,然后开始跑步。呼吸着寒冷但新鲜的空气,耳边回响着心跳声,我感到精神振奋。当我转过街角的时候,我决定要把我的计划付诸行动:①创造改变的理由;②动员利益相关方;③培训团队;④通过识别和庆祝成功来鼓舞士气;以及⑤通过实施案例来成为真正的领导者。

　　跑了一个小时后,我回到家中快速地洗了个澡,然后走到厨房打开了咖啡机。

海蒂和我曾经为了是否要买这个昂贵的胶囊咖啡机争论不休,我为无法发挥我的采购能力而感到沮丧,但即使如此也不会破坏我的好心情。

端着咖啡,我走进家里的办公房间,打开电脑。

06:48

寄自:托马斯·萨特 < tsutter01@ heartlandconsolidated.com >

发送:罗斯·贝尔科斯基 < rbailkowsky01@ heartlandconsolidated.com >

主题:战略峰会"采购火枪手"

附件:120212_战略会议_v0.1(内容).pptx

早上好 罗斯,

我想你一定也注意到了之前在采购团队内部以及与其他部门之间发生的"摩擦"。我花了不少时间来研究解决方法……我想起上次开会时偶然在你桌子上看到的一本书,名字好像叫"这与你无关"。正如你所想,我想我们可以这样做:从"托马斯说……"变为"我们觉得……",这里的我们可以是在采购部、生产部、研发部、市场部的每一个人。

在附上的战略文稿里,我草拟了一个为期3天的战略峰会,叫作"采购火枪手:我为人人,人人为我"。

以下是概要小结:

与会人:韦恩堡的所有采购部员工,所有主要国家采购部的领导,生产部门的瑞克(以及他挑选的团队成员),研发部门的赫南多·瓜达维拉(及团队),销售部的汤姆·W.凯恩(及团队),市场部的斯嘉丽·阿加塔(及团队),IT部门的雨果·塞巴斯蒂安。

地点:工作地点之外

日期:2~3周之内

会议时间:3天

会议议程安排(初定):

天数	时间	主题	说　　明
第一天	上午 8~9 点	工作早餐	留一段时间给大家处理最紧急的商务事情,这样可以保证大多数人能够在 9 点准时参与会议。
	上午 9~10 点	介绍(罗斯/托马斯)	非常欢迎大家分享对"心域食品采购部门在未来 1 年、2 年、5 年内将如何发展"的想法和期望。
	上午 10~12 点	团队活动	虽然 10 月、11 月份天气寒冷,不容易开展户外活动,但是我记得我在奥腾汽车参加过一次"搭纸船"活动。而且,我在韦恩堡找到了可以组织这个活动的供应商。
	下午 12~1 点	午餐	
	下午 1~3 点	"痛点在哪里?"	每个人都要开诚布公地讨论我们面临的问题与挑战。
	下午 3~6 点	共同愿景	陈述愿景和使命。
第二天	上午 8~9 点	工作早餐	
	上午 9~12 点	多议题研讨会	分成多个小组,每个人参加 4~7 个议题: 战略采购 直接物料采购 间接物料采购 资本支出采购(CAPEX) 采购运营 物料采购 服务采购 合作 采购 IT
	下午 12~1 点	午餐	
	下午 1~5 点	多议题研讨会(继续)	
第三天	上午 8~9 点	工作早餐	
	上午 9~12 点	团队陈述讨论结果	希望你能够参加
	午 12~1 点	午餐	
	下午 1~2 点	提名"转型领导人"	
	下午 2~3 点	总结	希望你能够进行一个总结陈词,并且当场启动一个转型项目

希望你能支持这个会议。

托马斯

托马斯·萨特

首席采购官

心域食品集团

我按下了"发送键",然后听到孩子们醒来的喧闹声。我拿了一个托盘上楼,在上面放了咖啡、麦片、牛奶和松饼,想给海蒂一个"床上早餐"的惊喜。

首席采购官最佳实践

- 实现转型的 5 个关键步骤:
    - 创造改变的理由;
    - 动员利益相关者;
    - 培训团队;
    - 通过识别和庆祝成功来鼓舞士气;
    - 通过实施案例来成为真正的领导者。
- 在一开始就必须把采购团队与其他的部门紧密联系在一起。

CHAPTER 17

第 17 章 "掘金"计划诞生

过去的两周非常有意思。表面上,公司里的一切依旧没有任何改变。我还是没有融入公司,至少在韦恩堡,采购部的人们依旧对我怀有戒心。然而,在其他地方却有所不同,尤其是欧洲地区。我刚从欧洲出差回来,去了德国以外其他的主要欧洲区域,远离了韦恩堡复杂的人事纠纷。

总的来说,欧洲人都很有求知欲,乐于接受新事物。这是他们第一次看到从韦恩堡发起的项目。在米兰的那几天过得很不错,在奥腾汽车公司的时候我就很喜欢去意大利出差。不过,意大利的团队令我有些惊讶。他们那儿的头是位三十出头的女士,名叫劳拉·布拉伊达,她精力充沛,还拥有一个数学博士学位。这对于从事采购职业的人来说并不常见。

我们非常投缘。在午餐的时候,我说起了在奥腾汽车公司时的趣事,如埃森总部与都灵工厂之间因为误解而发生的"战争"。作为一个热衷于数学的人,劳拉对于我们在奥腾汽车所用的成本回归分析工具很感兴趣。我答应回去后给她发些更详细的资料。

劳拉并不是米兰之行的唯一亮点,她的团队也跟韦恩堡的那些人完全不同。他们的思维更开阔,并且对于工艺制造一体化有更深入的理解。后来我了解到,早在2008年,米兰的采购部就从当地的汽车行业挖掘了很多出色的人才。难怪我从他们身上闻到了那种熟悉的气息!

这次欧洲之行很不错,终于让我恢复了一些信心。约翰的那些建议使我对事物的看法发生了一些有趣的转变。我不再追求一时的赞美与奖励,而是开始从长计议。我知道自己希望把采购部改变成什么样,也清楚该如何带领我的团队去实现目标。虽然我不明白约翰是如何影响了我,以及为何那三个问题可以使我的关注点发生如此大的变化,但是我从心底里感谢约翰。

因为从米兰起飞的航班延误,我错过了芝加哥到韦恩堡的联程航班。我不得不在奥黑尔机场简单洗漱,以便直接去办公室与罗斯会面。虽然我很有信心罗斯会支持我的提案,但我还是做了充足的准备。

我在罗斯的办公室外等了很久,海伦又给我添了些咖啡。

"真抱歉让你久等,"她说道,"罗斯马上就好了。"

又过了20分钟后,一群衣冠楚楚的人从罗斯的办公室里走出来,罗斯以他惯有的方式,礼貌地拍了下有些人的后背跟他们道别。然后,他转向我:"托马斯,快进来,真抱歉让你等了这么久。刚才那些人都是投资银行的人。我们正在商讨一项'秘密'的收购计划,以便巩固我们在维他命、矿物质和补充剂市场的地位。你知道,就是运动营养品那些东西。"

我不禁想起我的"运动营养品":每天早上的一杯鲜榨橙汁和一大份意大利面。罗斯开始问起我的欧洲之行以及那里的采购团队如何。罗斯对我的报告很满意,我们开始讨论我的战略峰会提案。

"托马斯,关于你的这个计划,我将全力支持。按计划去做吧,到时候我会去动员大家。哦对了,我喜欢这个峰会的名字。我们之前在采购方面真的没有太多的战略可言。为了凸显这次会议的与众不同,我们可以把地点选在马洛卡。那儿对欧洲的团队更方便,而且也能彰显我们是全球企业。还有件事,你不用加班加点为我写文档和报告,我喜欢管理层之间能随意的交流。如果下次你想跟我建议些什么,直接过来告诉我就行了。还有,如果你路过我的办公室看到门开着,欢迎进来喝杯咖啡。我觉得经常交流、分享想法是非常有用的。"

我正打算离开,罗斯又叫住了我。"托马斯,顺便说一句,我们需要为这个项目起一个名字。你觉得'掘金'怎么样?我感觉能很好地概括我们的想法,你认为呢?总比那些莫名的缩写,或者改用学校或名人的名字好多了吧?"

"没错,罗斯。"

我笑着离开了罗斯的办公室。在奥腾汽车和心域食品之间的确有很大的文化差异。在奥腾汽车公司,跟首席执行官进行谈话不仅需要预约时间,还要进行周密的准备。同样是在全球化的企业,罗斯却更平易近人,并且没有一堆工作人员围绕左右,他只有海伦一个助理。看来他非常支持这个项目。想到这些,我不禁更敬佩罗斯了。

CHAPTER

18

第 18 章　托马斯夫妇的争吵

时差带来的不适向我袭来,我决定今天的工作到此为止,准备动身回家。我给海蒂发了消息说会去接孩子,但一直没有收到她的回复,我还是开车去了学校。到了学校,我看到海蒂正开车驶出停车位,于是打电话给她:"亲爱的,我就在你后面。你没有收到我的消息吗?我说我去接孩子放学,这样你可以在办公室工作得晚些再回家。"

"不用了。"海蒂淡淡地说。

"为什么,怎么了?"

"晚点再跟你说吧。"海蒂说完便挂了电话。

一到家,孩子们蹦蹦跳跳地从车里出来拥抱我。海蒂没有下车。我让孩子们先进屋去,然后坐到了海蒂身旁的副驾驶位置。"怎么了,亲爱的?"

"他们抢走了本该属于我的项目,并且让马克·辛克莱负责这个项目。马克不仅不是法学院出身,但他们要求我向他汇报。"

"为什么?"

"你整整一周都在出差,所以我必须每天下午去接孩子们。我的老板拉夫习惯在晚上八点安排重要节点会议。我连续两天都没参加会议,所以他觉得我并不想做这个项目。"

"但为什么你没有面试我已经联系过的保姆呢?"话音刚落,我便意识到自己犯了一个严重的错误。我曾经考虑过问一下母亲"在我离开家的这周,是否愿意到韦恩堡陪海蒂和孩子们住上一阵",但是我完全忘了这件事。

"为什么?你竟然还敢问我为什么?你为了自我宣传,整天在其他国家出差,把我和孩子们孤零零地留在这儿。不久前,刚有一个保姆杀死了一个九岁的孩子,你让我去哪儿找一个让我放心的保姆呢?在这儿我谁都不认识,叶卡捷琳娜也是人家介绍的,我才不会在网上随便找一个保姆照顾我的孩子。"

"可是这样下去会毁了你的事业啊!"

"反正我的事业也不会有多大的发展空间了。我现在正在做一个很小的案子,还得向一个比我小10岁的人汇报。你根本没资格假惺惺地关心我的事业,你完全沉浸在你的工作里。一直以来,遇到一点点困难,就跑回去向你父亲诉苦。而且,你也毁了所有对我重要的东西。我的事业,我在杜塞尔多夫的家,一切的一切。我到这儿到底是为了什么?告诉我,你为什么把我带来这里?"

"但是我真的想和你还有孩子们在一起。"

"噢,真的是这样吗?你下一个长途出差是什么时候?说啊!"

"10天之后,这次出差会包括一个周末。"

"你又要去哪个鬼地方?"

我没有回答,只是凝望着窗外。"我们会去马洛卡岛(西班牙),住在一个海滩度假酒店里,周末扬帆出海,组织团队活动增进团队感情。这样你是不是认定了我什么忙都帮不上?或者我可以问问我母亲她能不能……"

"托马斯·萨特,我不是在跟你开玩笑。你让我非常失望,也让孩子们感到失望。我现在脑子很乱,需要时间来想一想。我现在确定的是我想回到原来的生活,但我不知道需要你做什么。"

尽管我周末又要离开家了,但我们整晚都没有再说话。那个晚上我辗转反侧,但是最终还是拗不过时差,睡了过去。

CHAPTER 19

第19章　筹备战略峰会

因为跟海蒂吵完架,周六早上我一点也不想起床。按计划,我今天得开车去芝加哥港见约翰·麦格拉斯。为了不胡思乱想,我很早就起床了。我犹豫今天要不要留在家里,考虑到家中仍弥漫着火药味,我还是决定出门。

一直以来,我很费解为什么家庭和工作不能两者兼顾。要是家庭生活和工作都能顺利,那该多好啊!

由于罗斯对我的大力支持,使得战略峰会的酒店定在一个风景迷人小岛上。罗斯不干预我的工作,但还是希望我能时常向他汇报,使我更加相信"我能胜任这份工作"。我把车停在海港,关上车门……这时我发现把车钥匙落在了车里,都是因为我一直在想峰会的事。还好我的车还没有锁上,我立即从车中拿出了钥匙。

我目前的计划是:罗斯第一个发言,展示心域食品集团的整体计划(战略、采购的重要性、未来目标)。接着,我会详细谈这几个方面:采购支出、现在支出透明度情况、欧洲某些地区缺乏支出数据透明度、打击不合规采购的进展。随后,我会展示未来采购计划。为了让来自全球的采购人员踊跃参与,我把他们分成10组进行研讨。受益于与约翰的电话交流,我最近从他那儿学到了如何让员工积极参与和做展示,那就是让他们亲身实践。我希望这3天的会议能促使采购团队与公司战略达成一致。

我从箱子里取出新帆船包和一袋食品。约翰提议我们这几天一起准备研讨会的内容。我们计划驾驶帆船到一个安静的小港湾(这个地方手机没信号)。约翰认为研讨会的准备需要专注。他认为现在公司的事务太多,注意力太过分散,常使人忽略了关键点。我感同身受,比如,在参加电话会议时,我脑海里已想着下一个会议或是次日与供应商的谈判;当我正在享用美味佳肴时,满脑子却是次日的晨会。这次旅行,约翰让我明白了专心,不要被过去或未来的事分心。

而且,他还建议我放下忧虑。忧虑只是对可能会发生的坏事的假想,这会妨碍我们对目前状况的考量。

我带上了几瓶红酒,上船之后,约翰早已准备就绪。我跳上船,放好装备,便出发了。

"真幸运,我们能够在这个周末出海。"约翰说,"天气开始转暖,大多数帆船都已经收起来了,而我总比别人晚收船,所以我才有机会赶上今天这么好的天气。"

我环顾四周,确实水上没有什么帆船。

随着船驶出海湾,我向约翰描述了我的计划,他只是点点头,表示理解但不是赞同。几个小时后,我们到达了小海湾,用锚把船固定住。这里真是太棒了,周围人很少,非常安静。

我想到了海蒂,想象着要是她也在这儿,会如何享受这美妙的周末。

这时,约翰拿出了他的iPad。"托马斯,我赞成你的想法。你确实需要为会议的内容做些准备,这和你过去的做法很像,我的意思是你一直只是关注会议内容本身,而不是人。他们到了一个令人心旷神怡的小岛,大部分人却互不认识,你要改变这种状况,来激发他们对峰会的热情。举个例子,他们可以在室外场所(如露台或酒店的海滩)相互交流。为什么要他们坐在没有窗户的地下室开会呢?如果是这样,这与在其他地方举行会议有什么区别呢?你得激发他们的热情!如果是我,我会在早晨开始会议,不过时间别太早,大家有时间可以互相认识。让他们两两组队进行互动,问些类似于我们第一次见面时谈及的问题。他们应该关注人本身,而非这个人的工作。其中一个问题可以是:作为采购部门的一员,他们为什么而感到自豪?对什么感到兴奋?"

我问约翰,问这个问题合适吗?约翰是否真的觉得,员工会因为在采购部工作感到自豪?我当然很自豪,因为我的工作为公司的财务绩效作出了巨大的贡献,但是别人未必如此(除了我的意大利星级团队)。

我坦诚地表达了自己的想法,约翰问道:"托马斯,如果你的下属都不为自己的工作感到骄傲,你怎么可能会成功?让他们为自己而感到骄傲,让他们知道自己很重要。这些员工负责管理心域食品约60%的成本。他们成功,心域食品就会成功,他们失败,整个公司也随之失败。"

我想起了在奥腾汽车的经历,并将其与心域食品进行比较。在奥腾汽车,员工以在采购部工作为荣;奥腾汽车的采购经理非常自信,因为他们知道自己对公司的财务绩效至关重要,这在整个集团组织内赋予了他们真正的权力。采购部的职业同样很有吸引力:总部的品类总监的薪酬水平与心域食品的市场总监持平,而且享受相同的福利待遇。而近年来在心域食品,只有不能胜任市场部或者生产部工作的人才会担任采购工作。这与奥腾汽车的做法形成了极其鲜明的对比。

我把这个鲜明对比讲述给约翰听,他笑着说我看出了问题的关键。"你应该思考下如何将心域食品风格转变为奥腾汽车风格,而不是简单复制。毕竟,这是完全不同的行业和企业文化。"

第二天,约翰起得很早,我们一起在湖里游泳,感到神清气爽。之后,我们到驾驶员座舱里面一起喝咖啡。我告诉约翰我认为最简单的方式是请丹·舍弗勒来讲讲奥腾汽车采购部立于不败之地的关键原因。

"好主意,托马斯,邀请他来参加战略峰会。看他是否十分愿意分享为何奥腾汽车的采购部如此成功。"因为这只是我一时的想法,所以我没有继续和他讨论。

但是约翰坚持说道:"邀请丹讲讲奥腾汽车的故事,并尝试邀请两三位其他公司的首席采购官或首席执行官,分享他们公司采购部门成功之道。借鉴他人的成功经验,邀请这些人讲述成功的经验和可能的挑战,这些都将非常有效。"

我把话题转回会议本身:在"互相了解"的访问中,他们应该问些什么问题?约翰打开 iPad 上的一个文件,并向我展示了主要目标和需要了解的问题:

- 你的目标:真正了解在你面前的这个人。
- 受访者的性格是怎样的?
- 是什么真正影响了他/她(童年,家庭,孩子,事业,兴趣,等等)?
- 他/她的梦想和抱负是什么?是什么阻碍了这个人实现自己的梦想或抱负?

约翰解释道,这些是真正与人相关的,而不仅仅与工作职责相关。我们又开始讨论"为身处采购部门而自豪"这个话题,约翰更加兴奋地比画着 iPad,向我展示了一个大标题:**多彩的我们**。

"托马斯,当今社会再也没有人敢表现出自豪的一面。有些人甚至认为自豪和骄傲这些词语意味着傲慢自大。但实际上并非如此。如果你对某件事情感到自豪,那会增强你的激情。要通过这些问题让他们产生一种自豪感。让他们仔细思考以下问题,并写下答案,然后在新的一组配对中交换答案。不要强迫他们在大家面前说出答案。如果有人愿意这么做也行,但是不要强迫他们。"

多彩的我们

- 我为什么会在这个公司工作?是什么激励着我成为这个组织的一员?
- 我期望从我采购部的(或者不同国家的,或者不同部门的)同事那里得到什么?
- 为此我会怎样作出贡献?我愿意做出什么努力?
- 你绝对不会想到我是这样的:_____。

就这样制定了第 1 天的议程:由罗斯的演讲开场,然后进行团队建设训练,同时提出我们刚才讨论的一系列问题。接下来的几小时,我们敲定了第 2 天的议程:由三到四位首席采购官或首席执行官进行演讲,之后进行与第 1 天相同的团队建设训练,包括其他部门的员工。第 3 天是唯一与战略内容紧密相关的一天,我们会讨论采购战略并开始建立品类团队。

时光飞逝,经过几天辛苦的准备,能在约翰的船上享受四周的美景简直棒极了。我感到自己充满了能量。这对我和心域食品都是一个新理念,与我以往的做法和想法迥异,但是我很满意会议计划。现在只有一个问题,我能像约翰一样引人注目吗?约翰很懂"人际关系",善于取得他人信任,他有着出众的个人魅力。如果我不借助故事和类比来讲述这个新理念,公司员工会很难理解,我很可能就会失败。

考虑到这些,我想邀请约翰参加此次峰会。他起初有些不情愿,因为他不喜欢在这么多人面前演讲。约翰那么聪明,竟然说自己害羞,这让我很意外。

首席采购官最佳实践

- 不要只关注内容,还需花时间进行团队建设。
- 拓宽对"团队"理解,不要局限于采购工作。
- 给员工放权,让他们面对挑战,培养解决问题能力,不要"灌输"答案。

让我和你们分享一个秘密。我接下来要说的内容,你们以后永远不会在其他地方听到。我为什么敢和你们分享呢?因为我信任你们,相信你们。心域食品犯过错,我也犯过错。

对于心域食品,我有一个愿景,就是你们是其中的核心部分。我需要你们共同打造全新的心域食品。

我们得解放思想,向公司内部和外部的人员学习。

我希望你们会说心域食品采购部是你所工作过的最好的地方!

CHAPTER

20

第 20 章　战略峰会

在这个季节,马洛卡岛的早晨还能风和日丽,实属不易。微风从海上吹来,轻轻地拂过我们的脸颊。我的助理特地在现代五星级酒店预订了时尚会议室,但不是所有人都自在地坐在那里。房里的挡风玻璃被取了下来,会议场地就成了面朝大海的大阳台,休闲家具零散地布置在阳台上,旁边的小桌子上放满了各种各样的时令水果和当地小食。人们在听演讲的同时,可以看到反射出金色光线的演讲台,与灌木覆盖的海岸相连的深蓝海景,上面点缀着一群缓慢行驶的白色帆船。

穿着蓝色 Polo 衫衫和白色长裤的罗斯·贝尔科斯基轻松地站在员工面前,没有投影仪,没有麦克风。会前,我已经向罗斯引荐了约翰,并简要汇报了预想的会议成果。罗斯的演讲缓慢且停顿得恰到好处,说明他完全理解了我们的用意。

"早上好,向大家致以最热烈的欢迎。向你们中的每一位表示欢迎。我非常高兴你们都接受了此次邀请,到这个有点远的小岛,这样浩大的团队聚会让我感到非常骄傲。让我先来问你们一个问题：你们今天早上游泳了吗？你们中的哪些人已经去外面游过泳了？"

［一片沉默］

"那有谁沿着海岸线跑一跑，看到了美丽的日出？"

［一些人清了清嗓子］

"我明白了……有人散步去海湾看满载而归的捕鱼人吗？"

［没有回答］

罗斯有些慌乱。"拜托，谁已经做过这些，或者充分地享受了这儿的美景，请举起手来。"

［一些手犹豫地举起来了］

"好，有些人已经出去玩过了。干得好！因为这就是我们来到这里的原因之一。"

［台下一阵小声议论］

"你们中的许多人一定会问自己，'为什么公司要把我弄到这个地中海的小岛来？'其实主要原因是我们应该痛快地玩一下，寻找些乐趣。事实上，作为一个团队，我们需要在所有事情上寻找到更多的乐趣。为了让每个人明天玩得开心，我们将把明天的议程推迟一小时。利用这一小时出去玩玩，尽情享受吧！我不是在开玩笑！"

［员工们难以置信地互相看了看］

"对了，还要告诉大家一些关于这个岛的其他信息。有些人将其他地方誉为'地中海之心'。但我认为，地中海之心就在这里，就在这个地方。对于我们来说，这也是我们'公司之心'。接下来的三天，心域食品之心都会在此持续地、愉悦地、并强烈地跳动着。

［沉默被遥远的海浪声吞没］

罗斯放低了声音："让我和你们分享一个秘密。我接下来要说的内容，你们以后永远不会在其他地方听到。我为什么要这样做呢？因为我信任你们，相信你们。心域食品犯过错，我也犯过错。去年我们的财务绩效令整个投资界感到失望，甚至有些人还谴责我们的产品不健康，危害了人们的健康。这些话伤害了我，我知道也伤害到了你们。那么，我们到底做错了什么？错误就是长久以来，我们只关注自己。身处不断变化的商业世界当中，我们错失了重要的市场机会。"

"长久以来，心域食品过于依赖老牌产品的成功。我们没有花精力探索其他新的领域，比如市场需求迅速增长的健康食品，因为健康食品可以帮助人们改善健康状况。"

罗斯停顿了一下，接着对团队说，作为一个组织，心域食品太自以为是，一直满足于过去的成功模式，以至于错过了一些更新、更好的模式。这也是为什么在很短的时间内，竞争者超过了我们。

他说团队的全体成员，包括他自己，都太过沉浸于"自身和自己的小王国"，这也使员工间的沟通不到位，失去了倾听新想法的能力。

"但是，"他强调，"这都过去了。"

[台下一片沉默]

罗斯提高了声音："对于心域食品，我有一个愿景。我们将打造一个全新的心域食品。你们就是其中的核心部分。实际上我想要跟你们共同打造全新的心域食品，它将改变世界！"

我看了一眼约翰，他微微地向我点了点头。我向他微笑着。

罗斯告诉整个团队，公司的新目标是推广有益于健康的产品，新的责任是向全球贫民提供健康食品。他解释公司将如何在这些市场开展业务：与当地公司合作，采购更多当地的原材料。

"难道我们不想赚钱了吗？当然不是！但是我们需要做出改变，需要承担社会责任。只要做得好，就可以赚钱，为了心域食品的利益，也为了创造更好的社会福利。"

"关于业务方式，我们需要解放思想，需要向公司内部和外部的人员学习。在进步和再研发的事情上，不要浪费时间。如果能够坦诚地分享、接纳、利用已有的经验，致力于弥补短板，我们就能全方位地强大起来。顺便说一句，我个人已经从这位绅士身上学到了很多，"他指着我，"而且我知道在心域食品迈向新愿景的道路上,我将从你们所有人身上学到更多。"

"说到我们……不论是在采购部门内部还是就整个公司而言,我希望我们能成为一个团队。我们要把你们这群精英,"他指着听众们,"打造成一支更为优秀的团队。在这个团队中,成员互相信任,有着赞赏他人的自信,能为共同取得的成功感到骄傲。这是一个改变心域食品,乃至全世界的团队!"

罗斯的额头冒出了几滴汗珠,在晨光中闪耀。我环顾四周,没有一个人脸上露出嘲笑或者玩世不恭的表情。

罗斯说他已向华尔街承诺将增加数十亿的收入,这全都要靠采购部门削减资金,来为公司执行新的战略提供资助,如果不能做到这些,心域食品未来的愿景将永远无法实现。

他伸出一个手指:"创新。最大的创新来源并不在我们公司内部,对于新配方、更具吸引力和功能性的包装及更高效的生产设备,我们供应商的实验室和工程部门有无尽的创新来源。让我们利用这股创新动力,驱动心域食品和我们迈向成功。"

他伸出第二根手指:"激情。如果每年仅用1个月的时间与供应商进行年度谈判,剩余11个月都用来处理行政和其他运营工作,那将对你们的时间和才能造成巨大浪费。你们作为一个团队管理着心域食品60%的成本呢!你们是心域食品最大创新领域的守门人!通过管理来为心域食品创造价值,这是设立新采购部的目的,也是你们团队的目的。这些目的驱动你们的激情,激情驱动成功……成功驱动快乐。我希望你们能享受其中的乐趣。我希望你们会说心域食品采购部是你所工作过的最好的地方!而且我希望你们有底气说没有比这更好的工作。我希望你们能驱动心域食品的成功。我希望你们能成为公司的核心人员。我希望你们在这美丽小岛上的3天里充满激情,并希望你们回到公司之后,依然保持着这份热情。"

我向远处望去,约翰向我咧着嘴笑起来,我从没有见过他这样的表情。他向我翘起了大拇指。

罗斯吸了口气。"我希望我们能成为一个成功的团队。我向你们承诺,我会将我这个愿景变为现实。我希望在接下来的几天里,你们也能思考一下作为团队一员的使命。即使我们通过这次峰会收获的只是一个共同成长的团队、彼此的姓名和电话号码、彼此的容貌和彼此的了解,那么也将比过去3年取得的成就还要多。"

"现在让我把你们交给托马斯,请你们享受这美好的一切!谢谢。"

这时大家有些沉默,每个人看起来都有些受宠若惊,之后便报以热烈的掌声回应。

首席采购官最佳实践

- 展示最高管理层的承诺,对于推动公司转型来说至关重要。
- 让员工感受到被尊重是最大的激励因素。
- 选择性地向他人透露自己的缺点和优点可以建立彼此间的信任。

第 21 章　进入正题

罗斯邀请我站上演讲台,和我握手,并拍了拍我的背:"托马斯,都交给你啦。"他走到台下,与员工们坐在了一起。现在我独自面对听众感到万分紧张,不知道自己能否应对这一切。血管中的肾上腺素控制了我,我看着约翰,他正坐在第一排向我点头。我看着台下观众,做了深呼吸,开始演讲:

"非常感谢罗斯。亲爱的同事们,听完这样精彩的演讲之后,我无法形容我的心情。有两件事情让我印象最为深刻:首先,是在座优秀的各位。谢谢你们从世界各地来到这个地方。我知道在场的很多人需要放下手中重要的工作,来参加这次会议。为此,我再次向你们表示感谢,欢迎你们!第二,我非常感谢罗斯,感谢他的伟大承诺,使我们采购部门能以全新的角色参与心域食品的整体运作。这是世界上大多数采购团队都未曾梦想过的。这是很重大的责任,同时也是巨大的机会。看到你们全都坐在这里,我相信我们一定能做到。"

我重述了罗斯提过改善心域食品业绩的三件事情：产品战略的管理、工作方式以及更有效的团队合作。我告诉他们这意味着：

（1）扮演新角色，履行削减成本、创新、贡献其他价值的责任。

（2）彼此互相学习合作，还要和公司内外人员进行合作和学习。

（3）整个团队一同成长，并在心域食品的内外部建立强有力的人际网络。

"通过这次战略峰会，"我说，"我们希望能向前迈进一大步。所以，我们在这里到底要准备做些什么呢？好，让我从会议的成果开始讲起。"我展示出后面三天的日程安排，然后说道："等这次峰会结束后，我们就立即开始履行我们在采购部的新角色。不过在峰会第三天，我们会花一些时间建立未来品类战略的第一个奠基石。"

我告诉他们，峰会的第三天，我们将开展"向他人学习"的主题活动，会邀请一些在全球范围内非常成功且受人尊敬的首席采购官来讲授经验。有三位来自不同行业的重量级嘉宾会给我们讲述其公司在采购转型中遇到的挑战，以及如何战胜遇到的困难。

然后，峰会的第二天，考虑到公司其他部门的负责人会来参加，所以这一天将开始建立与内部客户良好合作的基础。我认为，我们作为一个跨部门的团队，这是一次与其他部门紧密沟通，并在共同需求、期望和目标方面达成共识的绝佳机会。

"但首先，今天，或者是现在，让我们开始最重要的部分：让我们整个采购部门作为一个团队共同成长。为了指导团队的成长，我邀请了约翰·麦格拉斯来主持今天的峰会。约翰在公共服务的关键岗位上工作了许多年，在与人、团队和组织打交道方面具有丰富的经验。请大家欢迎约翰，请他更详细地介绍自己。"

伴随着礼貌的掌声，约翰走上了讲台，他非常镇定，注视着台下的每一位观众，随机地选定了几位。仅是站在观众面前，其独特的个人魅力就可以立即吸引每个人。"谢谢你们给予我如此热烈的欢迎。我建议大家不要浪费太多时间认识我，因为这个峰会完全属于你们这个团队……"

约翰非常精彩地讲解了组织转型的精髓，尤其指出了其中应具感性的部分，那就是建立人际关系的重要性和以团队利益为首的必要性，以及掌控人生的概念。

心域食品的采购部员工完全被约翰的演讲吸引住了，为其充满活力、有的放矢、旁征博引的言辞所折服。

当人们听完这些跌宕起伏的故事，渐渐平静下来后，约翰说是时候进入正题，让我们来更深入地了解彼此。针对这个练习，约翰邀请大家组成10人小组（预先随机选择），两两搭配，结成五个对子。每组搭档都要使用我和约翰在船上设计的问题来相互提问。最后一个问题"请每位成员分享一个不为人知的小秘密"尤为重要。约翰发现分享一个私人的秘密或微妙的经历，可以很好地消除彼此间的障碍，有益于快速建立联系。紧接着，每个人得向该组其他人介绍他的搭档，之后，每队都可以自愿分享关于他们团队最重要的信息。

为了使员工们更自在地参与聊天，约翰给足了练习时间，让所有组散开去找任意一处环境舒适的地方进行练习。众人原本以为会挤在小小的空调房，在人造灯光下做些数据处理工作，研究他人的采购策略。但看到今天的会议安排，他们都惊呆了。一些人来到阳台的休闲角，一些人找到了在泳池旁的座椅，还有一些人甚至走到酒店的海滩，坐在了沙滩上。不管在哪，员工们都在介绍着自己，讨论问题，或者只是在一边聊聊工作和生活，一边享用着咖啡和零食。

当所有人再聚集到一起时，整个团队与早晨的状态相比已经焕然一新。所有的不自在都已烟消云散，每个人看起来都神采奕奕，充满能量。小组中的许多人都来自不同工厂，不同地区，他们交头接耳地聊着，开着玩笑，状态非常自如。这一次，约翰花了一些功夫才取得大家的注意，当他鼓励发言时，几十双手立刻举了起来表示愿意与大家分享。约翰把一些重要的信息写在了白板上。

下午，约翰让小组开展了一系列培训练习。最后，这些员工更接近于一个合作团队。公司为他们在露台上安排了交流晚宴，还有后续的小酌时光。

首席采购官最佳实践

- 分享人人都认同的愿景是转型的关键元素。
- 建设团队至关重要。
- 有时候，可以以一种愉悦而轻松的方式开展"工作"。

CHAPTER

22

第 22 章　搭建桥梁

尽管昨晚休息得很晚，很多人还是听取了罗斯的建议，在早上会议开始之前（罗斯信守了诺言，会议议程确实向后延迟了一个小时）享受下惬意的美景。昨晚在酒吧快结束聊天时，许多人都计划好了第二天早晨的活动，这使人更加难以入睡。我想团队活力已经让队员们克服了个人的惰性。

我在穿跑鞋的时候一直想着那些参与者。一些小组出来一起跑步，另外一些小组在海滩上做起了瑜伽练习，还有一些只是享受着日出的美景散步，或者坐在长椅上喝茶。

心域食品集团
采购战略峰会
2012

第 2 天议程

- 开场致辞及欢迎其他团队参与峰会
10:00~10:15
托马斯·萨特

- 建立心域食品供应管理网络
10:15~12:30
约翰·麦格拉斯

　　　　　　　午休时间　　　　　12:30~2:00

- 供应管理的目标和首要任务
2:00~5:45
加里·帕克

- 当日总结
5:45~6:00
托马斯·萨特

　　　　　　　出发去用晚餐　　　　7:30

　　距离 10 点的正式会议还早,大多数采购部员工已经在露台上聊开了。当来自生产部、研发部、信息技术部和事业部等同事到达峰会时,看到采购部员工在一起轻松地聊天,就像已经互相认识很久了,他们感到有些惊讶,感觉自己像个外人,只好忙着找杯子倒咖啡或者拿可颂面包吃。这时我和罗斯就会上前和他们握手,帮他们快速融入。我发现约翰注意到了,我简短地欢迎瑞克·菲奥里时,没有直视他,然后迅速走到 IT 部的雨果·塞巴斯蒂安面前向他表示热烈的欢迎。约翰把一个右边印着圆圈的蓝色名牌交给瑞克。

　　所有人都成功抵达会议场地后,我向新的与会者致以特别的欢迎。我认为自己的演讲很真诚,描述采购部将来会怎样与其他部门相互合作,以及我们要如何将角色和责任变得更加透明。之后,我们开始了与昨天相同的介绍环节,只是这次增加了非采购部门人员。这次按照品类团队分组,员工们跟相关部门领导人分在了一组,并已经用名牌的颜色和图案事先安排好了搭档,以确保能在最大程度上鼓励跨部门的互动。

找寻了一会儿之后,瑞克找到了印有圆圈的蓝色名牌小组,并看到了我。一阵沉默之后,瑞克说:"来吧,让我们搞定这件事。"我们来到了一个远离人群的地方,表面专业却心不在焉地互相做着访问,希望能尽快结束。以下是瑞克的回答:

多彩的我们

- 我为什么会在这个公司工作?是什么激励着我成为组织的一员?
  - 公司有悠久的历史。
  - 承担心域食品核心运营的责任,这份责任是公司生产力、收入和利润的来源,同时也是这个公司存在的目的。
- 我期望从我采购部的(或者不同国家的,或者不同部门的)同事那里得到什么?
  - 向心域食品的核心运营提供服务和支持,从而确保损耗最小化、高质量产出最大化的平稳进程。
  - 以心域食品的生产力为首要目标,因为生产力驱动公司(以及我们的)收入。
- 为此我会怎样作出贡献?我愿意做出什么努力?
  - 我贡献了我所有的热情和时间来维持生产的正常运转。
  - 如果团队需要我,他们可以随时找我,7天24小时。
- 你绝对不会想到我是这样的:＿＿＿＿＿＿＿＿＿＿＿＿＿＿＿＿＿＿。
  - 我有采购背景,15年前我负责意大利公司的采购部门。

在我的答案末尾,我不温不火地告诉他,我的家人仍在尝试适应韦恩堡的环境,对于我的孩子来说在这里交朋友并且完全融入这个环境是非常重要的。意大利人的天性让他真诚地询问我的家人现在过得怎样,他们喜欢美国吗,等等。我告诉他家里遇到的一些难题,如由于最近的谋杀案我们很难找到保姆。瑞克自己有两个双胞胎女儿,因此非常能够理解我的处境,他还推荐了自己用了很久的保姆给我。他还告诉我他的家人,尤其是他妻子,来自圣地亚哥,因此觉得在韦恩堡建立新的生活(包括喜欢这个城市)是非常难的,他们曾经为这个问题吵过多次。我呆呆地看着瑞克,为他的坦诚感到惊讶。作为回报,我把海蒂近期的挫折,我们之间的争吵,还有其他一些事情都告诉了瑞克。我们原本的访谈任务变成了一次完全私人的谈话,还发现了彼此有许多相同点。我们几乎都忘了时间,被提醒了两次才重新回到队伍中做介绍。我现在的感觉好多了,我想瑞克也是。

加里·帕克在过去几个月成长了很多,已经成为了我的左膀右臂。下午由他来组织"黑帽子/白帽子"的练习,从而与采购部的内部客户就供应管理目标、首要任务、心域食品的需要制订一个共同计划。

为开展这个练习,整个团队被分为"白帽子"与"黑帽子"两方。"白帽子"要负责思考以下事项:为了达成目标,针对战略方向采购部应该做什么,改变什么,提高什么;为了心域食品的利益,供应管理应该采取怎样的合作方式;怎样更好地履行罗斯在开场致辞中赋予采购部的新职责。"黑帽子"必须站到对立面,指出所需的所有努力、可能的风险和后果。最终,双方要坦诚地讨论和沟通,最终完成指明首要任务和行动的跨部门责任书。作为其中的一员,研发部门现场承诺将贡献资源支持采购相关工作。考虑到之前采购部与研发部之间的紧张关系,这已算是一个重大突破。

晚上7:15,员工们怀着轻松愉悦的心情坐着大巴离开了会场。大巴在蜿蜒的道路上行驶了将近一个小时,然后开过礁岸,来到了一个小海湾,那里有一家传统海鲜餐厅。在餐厅外面的露台上已经摆好了餐桌,充分利用了两侧峭壁间的美丽海景。团队们正享受着静静的夜晚,大家整晚都在继续讨论着白天的活动,峰会的内容,未来的工作和生活,等等。气氛非常轻松随意,人们甚至在上菜的间隙站起来在露台或海滩上聊一会儿天。

吃完甜点后,我独自坐在了海滩上的长椅上,享受这夜晚时分。我听到轻轻的浪花舔过细沙,看着月光和星光笼罩的美丽海湾,感到一丝伤感。我对目前的峰会非常满意,但是我禁不住想起海蒂。她会喜欢这个地方的,但我们的生活已经变了。如果她知道我在这种地方,一定会埋怨我抛下她独自出来度假。然后我才苦闷地想起她可能都不会抱怨了,因为我们现在几乎都不怎么说话。在事业和家庭方面同时获得成功,这有可能吗?皎洁的月光在水上闪烁,月亮已为托马斯搭起了一座银桥。

首席采购官最佳实践

- 做出承诺,并信守承诺可以建立信誉和信任。
- 为了避免隐藏的怨恨情绪蔓延,应鼓励大家公开提出想法与机会、怀疑和风险。

第 23 章　涅槃之路

　　尽管我已经连续两个晚上都睡得很晚,还有时差反应,我仍为第三天的战略峰会设定了 6 点起床的闹钟,因为不想打乱自己每天晨跑的规律。凭着我私下收到的反馈和我自己的感觉,前两天的会议举办得很成功。罗斯和约翰的演讲令第一天的效果不同凡响。我就知道罗斯会是一名出色的演讲者,他在采购团队面前的精彩表现确实没令我失望。他将采购的成功定义为心域食品转型的关键一环。如果股票分析员也能听到他的演讲,心域食品的股价一定会大涨。

　　真正令我出乎意料的是约翰的演讲。邀请他帮助我一同准备战略峰会的内容应该没问题,但是请他帮忙主持一部分会议却有些风险,毕竟约翰并不善于言辞。在台上,约翰恰如其分地采用了一些比喻,无意中绽放出了自身的魅力。演讲过程中,全场鸦雀无声,所有的目光都紧紧地锁定在他身上。他引用短小的句子,缓慢地说着,而且他的嗓音非常吸引人。他的演讲对战略峰会的成功非常关键。虽然我早已习惯了会议上经常出现的怀疑和讽刺，但是这次全都消失得无影无踪。

第二天是我个人的成功，终于能与瑞克重修于好对我意义重大。我相信第三天也一定会和前两天一样棒，今天我们将见证全球品类团队的诞生，我希望这个重要的里程碑能给所有与会者留下永不磨灭的记忆。我仍记得约翰的话："不要给从世界各地赶来的同事们做标准化的演讲，这只会浪费他们的宝贵时间，那些内容只需要电话会议。做一些真正能启示员工的特殊举动。谁是你在业内最敬佩的人？"

我必须承认，奥腾汽车的首席采购官丹·舍弗勒是我最敬佩的人。约翰坚持让我邀请丹为战略峰会做演讲。一开始，我非常不愿意。毕竟是我离开了奥腾汽车，而且之后再没和丹联系过，这一切还没过去多久。"那你就更应该给他打电话，"约翰说，"你不能逃开过去，托马斯，让自己感到轻松自在至关重要。不要给自己回想过去并且质疑以往决定找借口。这只会分散你的注意力，我要你100%地专注于现在。"

没办法，我只好选了一个简单的方式，给丹发了封邮件。5分钟后，我的电话响了。丹像以前一样热情，而且热切地希望听到关于我的最新消息。他毫不犹豫地答应了担任战略峰会的演讲嘉宾（"没问题，只要你不是在为奥腾汽车的竞争者公司工作就行。"），还愿意带另两位首席采购官一同来参会。

我停下了奔跑的脚步，开始享受海上日出的美景。这是我第一次来马洛卡，本以为这个旅游景点应该人山人海，但却十分清静。我在回酒店前做了一会儿瑜伽。

建立品类团队的过程正如预期的那样顺利。加里·帕克帮助主持了这部分会议内容，表现非常出色。加里在过去的几个月里发生了很大的变化，让我觉得很有趣的是他从一个极端冷漠、怀有敌意的边缘人员，变成了我在公司最倚赖的人之一。

此时我必须离开去迎接我们的嘉宾。丹带着他的两位朋友乘坐奥腾汽车的公司飞机飞到了马洛卡。毕竟他们是我邀请出席的首席采购官。

丹发发来短信让我在酒店门口等他们。我踏出门，走到了温暖的地中海太阳下，一路在猜想丹到底会做些什么。远远望去，路上并没有车向我驶来。当我正要拨通丹的电话,一阵跑车的声响从远处传来。由奥腾汽车 V10 引擎驱动的意大利超级汽车正行驶在马洛卡乡间蜿蜒的道路上。不是一辆,而是二辆,不,是三辆车!引擎声越来越响,随汽车飘扬的尘土从远处一直蜿蜒至酒店。我终于看到了三辆由 V10 引擎驱动的汽车向酒店飞速驶来,在我面前戛然停住。接着,鸥翼车门打开了,丹从第一辆车中出来,和我握手并表达了由衷的喜悦之情。"托马斯,这是来救援你的'三艘军舰'。"丹开玩笑道。"来认识下我的朋友吧,泛欧洲电信公司的路易斯-皮埃尔·魏因曼和匹兹堡阿姆阿鲁锻造公司的马克·埃利斯。"

"欢迎你们的到来,很高兴见到你们,非常感谢你们来到这里。丹,你这亮相太有派头了。"这时已经聚集了一小群人开始打量这些汽车。

"好吧,我想我应该犒赏下大家,而且反正 V10 汽车是要参加我们与媒体合作进行的促销巡回展的,今天我只是先把它们借来。你知道吗,V10 汽车就是针对这样蜿蜒的道路而设计的,在德国高速公路上驾驶这种汽车绝对是一种浪费。"

我带着丹、路易斯-皮埃尔和马克走到阳台,俯瞰特拉蒙塔纳山脉的丘陵地带。我们享用着橄榄、乳酪、当地面包和可口的糕点。我向这三位首席采购官简短地介绍了即将面对的观众类型,以及会议的总体气氛。看得出,丹非常期待向与会者做演讲:"托马斯,你不用为我们的演讲担心。我认识路易斯-皮埃尔和马克很多年了,而且我们有过很多次共同为大会做演讲的经历。你们一定会喜欢我们的演讲,虽然我们三人采用了非常不同的采购方法,却也获得了同样的结果。我说的对吗?"他一边问,一边转向路易斯-皮埃尔和马克,他们点了点头。我不知道丹提到的是什么不同的采购方法,也不清楚这三位首席采购官间的关系,但是我知道今后我也需要和其他公司的首席采购官建立良好的关系。

这三位首席采购官的合作非同凡响。显然,他们之前一起合作过很多次,还在观众面前互相开玩笑。人人都很开心,只有约翰在做笔记,皱着眉头,来回翻自己的材料。在演讲的最后,丹、路易斯-皮埃尔和马克获得了雷鸣般的掌声。和他们道别时,我说:"伙伴们,如果你们厌倦了采购,可以考虑做脱口秀演员!"

不出所料,他们异口同声地答道:"我们已经考虑过很多次了!"

当我走回会场时,约翰拦住了我:"你怎么看待他们的演讲?"

"我认为他们都非常优秀。他们之中的两人都负责超过1500亿美元的采购支出,而且他们很风趣、幽默、令人感到开心。他们都是我的榜样,我真希望五年后自己能像他们其中的一位一样优秀。"

"哪一位?"

"你是什么意思?他们三位都很成功。但如果一定要让我选的话,我希望和丹一样成功。"

"我指的不是这个。你是不是没有仔细地听他们的演讲内容?如果你仔细听了他们的演讲,就会了解三个非常不同的故事。的确,这三位都实现了丹所说的采购部的涅槃,但是他们的涅槃之路是完全不同的,对吧?"

我感到疑惑:"我记得丹说过,他们采取了截然不同的方法,却都取得了类似的成功。虽然身处三个不同的行业,他们都提到了成本节省和组织转型,你是指这个吗?"

约翰露出了一丝鄙视的神情:"听着,我不是一个采购专家,但是我捕捉到了一些你可以立刻借鉴的内容。这三位都把采购细分为两个重要的方面:一方面是外部有效性,包括为了从供应商处获得更多而所做的每件事情;另一方面是内部有效性,包括采购部内部的行动一致,以及与公司其他部门(如工程部)的合作。"

谈话间,约翰在他的 iPad 上画了一个矩阵。"你看,水平轴代表外部有效性,而垂直轴代表内部有效性。当丹、路易斯-皮埃尔和马克在10年或15年前开始进行采购变革时,他们发现自己的组织是处在矩阵的左下角,这也正是目前你和心域食品所处的位置。"

约翰在矩阵的左下角画了一个"X"。

"现在,在奥腾汽车的丹水平向右进发。他先专注于成本节省,记住,15年前的奥腾汽车正处于财务非常困难的阶段。所以丹采取了一切办法力求降低成本,他想出了许多令供应商惊讶的方法,比如成本回归分析。通过大幅度降低成本,他得到了公司其他部门同事的尊重。之后,他改变了采购部的运营方式,也就是从图的下方向上方移动。"

他画了一个开始水平,之后急转直上的折线箭头。"10年前,在泛欧洲电信公

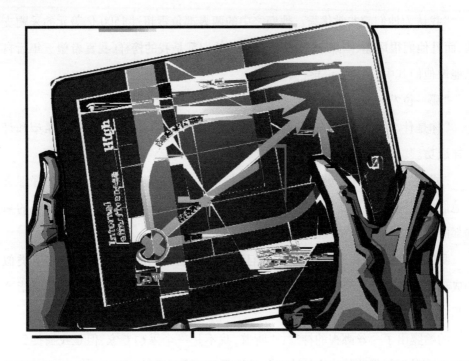

司的路易斯-皮埃尔则处于截然不同的处境。在移动电话高速发展的年代,公司利润很高。作为一家法国公司,他们非常擅长制定战略以及预测市场发展动向,因而比其他人都更早地意识到这场狂欢不会永远延续下去。所以路易斯-皮埃尔开始专注于提高采购卓越性:他不断优化采购流程、指导原则以及采购能力。因此从矩阵看,他一开始就快速向上移动。当公司利润开始下降时,就是路易斯-皮埃尔为成本节约开展行动的时机了,稍作准备即可全速前进。"约翰又画了另一个先垂直而上,然后转弯向右走的折线箭头。

"5年前,马克·埃利斯正面临着更加严峻的挑战。阿姆阿鲁锻造公司遇到了麻烦,导致他从一开始就得做出些成绩。所以他必须在飞行的同时就要修好飞机。不过他有首席执行官的全力支持,看见了吗,他选择了最直接的路径。"

约翰从矩阵的左下角到右上角画了一个箭头,自豪地笑着说:"对吗?"

"哇,约翰,你采用了完全不同的方式来描述这一切。你是怎么想到这些的?你说得对,非常有道理,这正是丹对我们的暗示。但是很明显,他希望是由我自己来总结这些。真高兴你帮我归纳好了这一切。"

"你也能做到,托马斯。只需要让自己全身心投入当下,这也是我常常跟你说的,别总是想着将来或者怀念过去。"

"明白。"我说。

约翰又问了我一个问题:"你认为心域食品现在处于这张图上什么位置?更重要的一点,你准备采用什么方法来实现涅槃?"

"好问题。"我回应道。"尽管有一些改进的迹象,我们还处在左下方。不过时间尚早。我想我们应该采取类似马克的方法,我需要在飞行的同时修好飞机。"

首席采购官最佳实践

- 与高级管理层的其他成员建立良好的关系。
- 积极管理采购职能的内部与外部有效性。
- 根据你的业务需求量身订制转型方案:以节省成本为先、以组织转型为先或采取一种平衡的方法。

插　　曲

U2 2742 帕尔马—马洛卡岛(PMI)——米兰—马尔彭萨机场(MXP)

机舱服务员:您好女士,请问您想喝点什么?

劳拉·布拉伊达:请给我一杯橙汁和一杯咖啡,清咖。也给我旁边的这位同事上几杯咖啡吧。

贝尔纳·莫利:恩,好的。这杯咖啡是不是很浓?我感觉自己一个礼拜都没睡觉了,还是我年纪大了。

劳拉·布拉伊达:你该不会希望我评论你的年龄吧?不管怎么样,戴上太阳眼镜,谁也看不出你的年纪。不过你说的没错,这次会议确实安排得非常紧凑,尤其晚上还要去酒吧。但我觉得这次会议非常值得参加,之前很多人我从来都不认识,现在我和他们几乎都成为了好朋友。真令人惊讶,我们居然有这么大的团队。

贝尔纳·莫利:天啊……都通宵了三个晚上,你居然还没有感到精疲力竭!我一直都想和你交朋友,而你连看都不看我一眼,只有你疯狂的策略需要一个盟友的时候才来找我。但你说的没错,见到这些人并且发现他们面临着跟我们一样的难题,这真是太棒了,至少能带给我一些安慰。

劳拉·布拉伊达:安慰?你在说安慰?现在正是实现目标的大好机会!我们都坐在同一条船上,面临着同样的挑战。不过我们现在都意识到了这个问题,还能互相帮助。对了,你见过亚特兰大工厂的鲍勃吗?他也是做包装的?

贝尔纳·莫利:鲍勃,我想想……嗯,我见过他。

劳拉·布拉伊达:他人很好,现在正被"大量的产品编码"、"每月变化的产品规格"折磨,复杂的产品让他不知所措。而且我意识到:"我们终于不是唯一受到产品复杂度折磨的人了!"我和他深入讨论了这一问题及解决方案,而且我觉得我随时都可以向他寻求建议或帮助。[劳拉从口袋中拿出了手机]

贝尔纳·莫利:天呐,你知道在飞机上不能……

劳拉·布拉伊达:别那么紧张,就算中了欧洲彩票,你也不会成为乐观主义者。的确,我对包装有些新的想法。要实现这些想法确实有难度,不过现在我们有高层的支持。我是说,你听到托马斯和罗斯说的话没有?在包装方面,我们终于可以大有作为了。

贝尔纳·莫利:你真是疯了,但这正是我喜欢你的原因。

DL 115 巴塞罗那(BCN)——亚特兰大哈茨菲尔德—杰克逊国际机场(ATL)

罗伯特·奥唐纳:顺便问一句,说到女同事,你见过我们米兰工厂的劳拉吗?我觉得她人很不错。

卡尔·奥沙利文:当然,我和她在酒吧聊得很投机。

罗伯特·奥唐纳:劳拉很厉害。你知道我被包装组合中的产品复杂度困扰了很久,简直就在白白浪费钱啊!但是没有任何人听我的,他们都有其他更重要的事要做。这就像在和风车斗争一样,你肯定明白我的意思(你永远追着风车走,但怎么也无法和他面对面)。不过在意大利,劳拉也面临着和我相同的问题。她倒是有些新想法,用统计方法来分析产品规格的价值。她确信我们一定能用这些方法解决问题。

卡尔·奥沙利文:听起来工作量很大。

罗伯特·奥唐纳：要实现这些方法很不容易，需要生产部和工程部的很多支持。但这是有史以来第一次，管理层对这些事情颇感兴趣，而且人们真的开始倾听新的想法了。我应该下周给劳拉打个电话。

机舱服务员：请问你午餐想吃点什么，先生？

IB 6275 马德里巴拉哈斯机场（MAD）——芝加哥奥黑尔国际机场（ORD）

杰森·贝克：我要鱼，谢谢。

埃米·哈蒙：别点那个，你会失望的。你还记得海滩上那个小地方的美味烤鱼吗？那是我吃过的最好吃的烤鱼。吃过那个之后再吃飞机上的鱼，肯定会让你失望。感觉这次大会就像做一场梦一样。如果我丈夫早知道是这样，可能都不会让我来。不知道在他看来，这次会议是否算得上"必须参加的欧洲商务旅行"。

机舱服务员：午餐给您，先生。您好女士，想吃什么？

埃米·哈蒙：给我来份意大利面，谢谢。

杰森·贝克：你说得对。在岛上的这三天感觉就像过了好几周，你不觉得有点奇怪吗？现在我们正搭乘着飞机回去，我都不敢相信发生的这一切。

埃米·哈蒙：你想要表达什么？

杰森·贝克：我在心域食品将近 30 年，每年和青睐的供应商谈判一到两次，然后跟踪订单，和供应商解决质量问题来满足生产部门的要求，这样的工作方式从未改变过。

埃米·哈蒙：恩，所以呢？

杰森·贝克：现在，仅在短短的三天内，我突然明白一直以来我们做的其实没有我们预想的那么好；公司有了全新的战略；采购部会在公司内担任至关重要的角色；生产部和研发部也会正式参与到新战略中。之前，尽管你基本上明确了所有我需要采购的产品，我和你沟通得时间却很少超过 10 分钟。我们这次去欧洲的度假酒店，就是为了了解彼此以便更好地合作。你不觉得这很疯狂吗？

埃米·哈蒙：我倒认为这次改进挺好的，而且很有帮助。你是觉得这一切有点过了吗？

杰森·贝克：没有，我认为挺棒的！我都快认不出我们公司了，都不敢相信是罗斯举办了这次峰会,还做了开场演讲,等等,不过罗斯这么做是对的。不管我最初是不是喜欢托马斯,来自奥腾汽车的他真的改变了这里。

TG 949 马德里巴拉哈斯机场(MAD)——曼谷素万那普机场(BKK)

普拉卡什·钱德拉:托马斯看上去对峰会非常满意,你怎么看?

哈利姆·艾尔沙德:是的,他确实应该高兴。会议非常顺利,他和罗斯配合得非常默契。你还记得罗斯在第一天发表的演讲吗?我认为就心域食品的大环境来说,这是开创性的。

普拉卡什·钱德拉:我同意。我们也许应该考虑下这次对未来的大宗商品战略的影响,比如说棕榈油。

机舱服务员:欢迎来到曼谷,感谢您搭乘泰国航空。我们祝您在此过得愉快。如果您还没有到达最终目的地,我们预祝您能拥有一个舒适且安心的旅程。

CHAPTER

24

第 24 章　航海之行

会议在周六上午就结束了,不过很多管理人员都决定留下来过周末。约翰在周六下午租了一艘帆船准备出海,我加入了他的出海计划。尽管会议很不错,我还是希望能充分放松并尽情享受大海,至少暂时摆脱公司的氛围。

我们驶出港口后就关掉了引擎,乘风破浪。我没有很多航船经验,没想到关掉引擎之后驾船如此容易。"现在平稳多了。"我隔着水花喊道。

"没错,这就是大自然想要我们驾船的方式。"约翰说,"看见我们怎么在海浪中滑翔了吗?优雅而精致。如果我们打开引擎,强迫帆船行驶,这趟旅程会变得很颠簸。"

"只要借助风力,就不必使用引擎。"

"没错,如果顺风,我们就应该借助风力,不必使用引擎。不过有时我们的确需要使用引擎来加速航行,你有没有觉得这很像现在心域食品的情况?"

我问道："你是指什么？"

"你很清楚你要的愿景，你和罗斯结结实实地踩着油门。还是那句话，你不觉得应该让风助你们一臂之力吗？那样可能会简单平稳些。"

"我不太明白你的意思。"

"托马斯，你不可能事事都亲力亲为，也不可能从头到尾指挥一切。有时候需要你这么做，人们毕竟需要挑战和进步。可是如果风向合适，你并不需要使用引擎推进。如果引擎的推动力过强，前行的道路将会非常颠簸。船会变得非常不稳，可能有些人会落水。而且这些落水的人很多是你需要保留的好员工。如果你一直使用引擎，我觉得事情不会有改善。"

"你是说我过于激进吗？海蒂也那么说。"我强颜欢笑。

"也许吧，"约翰说道，"你有些过于着急，甚至有些草率行事。稳步提速，而不是急着前行可能会更加适合你。就像我们的帆船一样，看！它在风的推动下行驶得多么优雅。当你的队员意识到自己需要改进，他们自然会改进。作为一个领导者，你应该将改进的意愿逐渐灌输给员工，在一旁提供帮助、指导和建议，而不是试图操控每一个人。你应该把你的团队当作一艘帆船，你需要时不时地操控引擎来把握方向，其余时候你只需要顺应风向。把握二者平衡很重要，你明白我的意思了吗？"

"大概吧……"我将信将疑地说。

船继续向前滑行，午后的风向渐渐发生改变，我们变成了逆风而行。我们前进的速度渐渐减缓，此时约翰决定收起风帆，使用引擎。

"看，现在风向与我们前进的方向相反。有时候在变革的道路上，你需要果断采取行动。其余时候，你只需要顺风前行。"

我还是对这一番航海类比感到困惑。我看着翻滚的海浪，思考我究竟是不是太急于求成。也许我确实有些过火，一直充当着引擎的角色，而没有允许心域食品的同事顺应风向，我才是问题的一部分。也许这个道理不只在心域食品有效，我想到了自己跟海蒂的争吵。

"我可以把这个类比应用到家庭生活上吗，比如婚姻关系、亲子关系？"

"最近和海蒂的关系怎么样？"

"不太好，"我说，"我们现在总是争吵，比以前争吵得更厉害。现在，我们几乎都没机会争吵了。"

"她从德国搬到韦恩堡吃了不少苦头吧？"

"嗯，而且我并没帮上什么忙。我可能有些逼迫她了，我要求她搬过来，然后我过于投入心域食品，并没怎么认真听过她的想法。而且我也经常不在家。我想我需要给她更多的空间来跟我沟通她的困难，然后我们就可以一起解决问题，就像过去一样。"

"不管是在家还是在心域食品，也许你不该再在所有事情上都火力全开。"

"嗯，也许有时我应该选择让风带着船前进，在试图启动引擎之前先让船自己滑行一会儿。"

船驶回了港口，约翰将船开过了狭窄的水道，在码头下了锚。我们将船系紧，安全上岸之后，约翰说："托马斯，让我再给你一个建议。"

"当然好极了。"

"心域食品会取得突破的，因为看上去人们都在做正确的事情。继续推动变革，但是要对他们给予表扬，并且鼓励你的团队继续做下去。给你的队员一定的空间，听听他们的困惑，然后提供帮助。你一定会成功的。"

他顿了顿，继续说："我想，这也同样适用于海蒂。"

CHAPTER

25

第25章 赛马

在马洛卡的战略峰会已经过去两个月了。对于心域食品集团来说,那次峰会是一个转折点。显然,我赢得了采购人员们对我的观点的尊重以及对我的决策的服从。这一切让我每天一睁开眼睛,就期待着新一天的工作。

不幸的是,我还面临着另一个问题:我的家庭情况着实令我头疼。现在我与海蒂仅有的沟通都是关于责任分配:谁负责接孩子,或者晚饭吃什么。尽管我们曾经发誓绝不会在孩子面前吵架,但是事与愿违。我很清楚需要做点什么来改变这样的情形,可我却不知道应该怎么做。我的日程表已经被出差挤满了,这对于改善我的家庭状况更是无济于事。

与品类团队开展进度汇报会议占据了我大部分的时间。我手头的事情很多,我试着按照约翰的建议100%地专注当下。现在,我从不会携带任何电子设备参加会议,譬如不带iPhone,就不用克制"想去查看邮件"的冲动。我也会在会议间歇花几分钟休息,练练瑜伽。因为瑜伽可以帮助我清除杂念,使我更能专注于当下。这样的做法已经收到了成效:我很快就发现有些问题在不同品类团队重复地出现。通过促进事业部和品类团队的融合,我们加快了工作进度,减少了很多无用功。

但我还是时常感觉到时间不够用。马洛卡会议提高了人们的期望,而我必须要在短时间内实现这样的期望。罗斯并不关心我们付出了多少,他只在意结果;然而到目前为止,我能向他汇报的就只有我们的投入。并非只有我一个人为现在的情况感到担忧,几天前,加里·帕克与我进行了一次私人会面。

"托马斯,我节省了 1500 万美元,我们可以称其为我们全球计划的成果。你也知道,为了避免受到谷物短期价格波动的影响,我们正在扩大仓储容量。现在我们选择的是一家长期合作的本地供应商,SiloNorthern。但我从来就不喜欢他们,因为他们很自大,产品质量却一般。所以过去的一年里,我开始考虑另一家加拿大的供应商,但是他们从未建造过我们所需规模的仓储量,因为他们通常都是与农民合作,而不是像我们这样的大宗工业。这家供应商提供的价格比 SiloNorthern 便宜得多,可能是因为他们与加拿大的钢铁产业有很好的关系。无论如何,我们已经可以开始与加拿大供应商进行合作了。我已经取得了所有相关部门的许可,今天就要从他们那里订购第一批筒仓。"

"好样的,多谢了加里!"我的大脑正高速运转着,事情有了转机吗?如果我现在就宣称节省了 1500 万美元,我的压力会减轻许多。然后我想到了丹·舍弗勒的告诫:永远,永远都不要说谎。谎言会让说谎者自食恶果。"那你说说看,我们的全球计划是怎么帮助你达成这样的成绩的?因为感觉上这件事本来就是你可以做到的。"

"那得看你怎么想了。的确,在我们提出全球计划之前,我就已经有了更换供应商的想法。但是全球计划的推行给了我执行这一想法的决心和动力。稍加修饰,我们就可以将这件事变成一个很棒的故事。"

听到加里说是"我们"提出了全球计划让我很开心。"是这样的,加里,但这恰恰就是我不想要的。我不想把任何事情包装成很棒的故事,我只想汇报真实可靠的结果。团队中能够有你这样尽职的成员真让我感到开心。"

"天啊,你还真是个正派人!这跟我们以前处理事情的方式可太不一样了。我可能得需要点儿时间来适应,不过我相信按你的方式会更有乐趣。"

与加里·帕克的这次谈话给我提了个醒。如果加里急着取得快速进展,别人一定也是如此,包括罗斯。于是我回到了办公室,取消了当天所有不太重要的会面,希望可以通过简洁而可信的方式向罗斯汇报我们的进展。在奥腾汽车的时候,我们有一套复杂严密的汇报流程,但我并没有时间参考,而且这里的公司文化也完全不同。相比之下心域食品更喜欢亲力亲为,实事求是。在花了两个小时写完一整本本子之后,我打开了报纸让自己休息一下。通常我都会先阅读体育版,首先映入我眼帘的是一场当地的赛马比赛。"就是它了!"我灵感一现,丢下报纸重新埋头写了起来。

我画了几条水平线,每一条都代表一个全球品类团队。然后我又画了几条垂直线,每条线上做了相应的记号,这些记号代表一些通用的高层次步骤。然后我在左边分别画了支出列和成本节省列,在右边画了已识别的和已实现的成本节省列。这个粗略的图表就成为我汇报的关键,因此我亲自绘制了电子版的表格。傍晚时分我终于对自己的成果感到满意,将它发送给了全球品类团队的领导者,并附上了如下的话:

队员们:我们需要一种一致的、易于理解的示意图来与相关部门进行沟通。请查看附件中的表格,并欢迎提出建议。如果你们也赞同这种形式,我们就固定在韦恩堡时间的周四中午进行例会讨论。加里,你能汇总一下大家提供的数据吗?

多谢,

托马斯

品类	支出 (亿美元)	成本节约目标 (亿美元)	品类分析	市场分析	品类策略	开始执行	协议谈判	完成实施	成本节约 (亿美元)	
									预计的	已实现的
原材料			▶	▶	▶	▶	▶	▶		
包装			▶	▶	▶	▶	▶	▶		

续表

品类	支出 （亿美元）	成本节约目标 （亿美元）	品类分析	市场分析	品类策略	开始执行	协议谈判	完成实施	成本节约（亿美元）	
									预计的	已实现的
代工制造			▶	▶	▶	▶	▶	▶		
物流			▶	▶	▶	▶	▶	▶		
生产设备			▶	▶	▶	▶	▶	▶		
设施与不动产			▶	▶	▶	▶	▶	▶		
市场营销			▶	▶	▶	▶	▶	▶		
行政管理			▶	▶	▶	▶	▶	▶		
总计			▶	▶	▶	▶	▶	▶		

两周后，赛马示意图证明了它的实用性。我和瑞克·菲奥里站在停车场，正给他建议该买哪辆车，选什么样的引擎，我已经成为了汽车方面的专家——汽车仍然是我最喜欢的话题。我正在建议瑞克选择混合动力发动机的时候，罗斯从他的老式凯迪拉克车里出来。

"我正要找你们两个！我正在为下一次股票分析师电话会议寻求材料，说说你们的想法。"

瑞克汇报了一个关于新的加工厂的开发进展，并提及这会推动心域食品在健康产品行业取得全新进展。一切都在按照计划进行，罗斯看起来很满意。

"那你呢，托马斯？"

这一刻已经让我等待了几天了。我从胸前的口袋拿出了一张折叠好的纸。"这是我们最浓缩的进展报告。请看，这里是主要的品类，总共600亿美元的支出和50亿美元的成本节省目标。这些从左到右的小箭头表示我们工作过程中各品类的进度。我们称之为'赛马'。从这张图可以看出，十项中的七项正按照计划顺利进行，两项要快于我们的计划，一项稍稍落后。总体来讲我们的进展不错，预计可以达成成本节省的目标。"

"很简洁。所有相关的信息都在这一页上,我很喜欢。但我们什么时候才能看到成果?如果我能给股票分析师点甜头,这次会议将会容易得多。有什么我先能呈现给他们的吗?"

在我开口之前,瑞克说话了。"罗斯,让托马斯喘口气吧。过去几个月里,他已经取得了令人难以置信的成绩。看起来我们现在才终于拥有了一支正规运作的采购团队。我可以告诉你,采购团队的成员们一直马不停蹄地在工作,甚至都让我们制造团队的人感觉到了压力。我绝对相信他们可以实现我们的预期目标。"

罗斯看了看我们两个,笑着说:"好,好,我知道了。"他喃喃自语地走向了办公室。

首席采购官最佳实践

- 在团队中识别最佳策略,并要求其他团队执行该策略。
- 如实汇报成果。
- 用简单的工具向首席执行官及其他管理者汇报工作进展。

CHAPTER

26

第 26 章　突破性进展

第二天,在提早去办公室的路上,我思索着昨天与罗斯的对话。我明白,罗斯和华尔街的耐心有限,我需要让他们看到成果。复杂包装的几场谈判正在米兰进行,这个供应商对于公司很多工厂是不可替代的。

几周前,我签字同意了这几场谈判的方案。整个品类团队正在努力获得成本节约,他们通过成本回归分析(CRA)研究了该供应商提供的多种产品,包括影响价格的变量,如材料、层数和大小等。迄今为止,公司里没有人从全球各工厂收集过规格信息,而在过去的几月里,品类团队从 48 个工厂采集信息,这确实是个巨大的工程。

使用成本回归分析(CRA)是品类团队领导人劳拉·布拉伊达提出的。此时我非常需要成功的案例,因此我授权她使用一些特殊的方法。坦白来说,我已经一无所有了,所以并没什么可担心的。

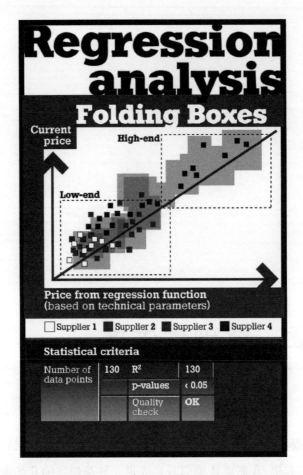

　　之前,每个工厂都各自进行这个品类的采购谈判,我甚至怀疑他们是否真的进行了谈判。最近,品类团队通过核对和分析规格数据有了一个重大发现,发现产品间存在较大的价格差异:有一家叫卡斯瓦德包装供应商的报价要比其他同等水平的供应商贵得多。虽然在奥腾汽车,进行系统的报价分析是很常规的事情,但在心域食品却没有一个人做过。

　　除了缺乏价格分析之外,因为卡斯瓦德有很丰富的产品资源,所以工厂采购团队从未考虑过开发其他供应商。而且大家感觉这个供应商已经了解了他们的需求,并可以随时提供合适的产品。如果心域食品决定选择其他供应商,遇到的问题可能也能解决,可惜我们没有那么多时间了。

尽管成本回归分析（CRA）很有趣，但大家仍然对品类团队能否迅速解决问题表示怀疑。在说服生产部门更换供应商之前，他们还要花时间来对比全部市场报价，我并不指望立竿见影。

昨天我没有询问谈判进度，因为我知道老道的供应商肯定不会在谈判桌上就答应降价。不过劳拉发了一封含糊的邮件给我："托马斯，今天谈判进展顺利，我们要求对方在欧洲时间明天早上十点前修改报价。祝好，劳拉。"

我不知道这是什么意思，但也不太担心。尽管我觉得这么短的期限是不明智的，不过我很放心把事情交给劳拉和她的团队。我到楼下倒了一杯咖啡，在电梯里查看了一下 iPhone。

劳拉的最新邮件让我差点把咖啡洒出来。"托马斯，我们初步分析了卡斯瓦德的新报价。虽然最终数字尚需确定，不过大致上我们会在 12 个月内节省 2800 万美元。现在公开这个消息还有点早，但我想先告诉你。致好，劳拉。"

这远远超出了我的预期。我赶紧回到办公室，关上门，立即拨通劳拉的号码，电话转接到了语音信箱。我尽量保持冷静，留了一个简单的语音信息："劳拉，我是托马斯。我刚收到你的电子邮件，棒极了。有时间给我回电话。"

我打开电脑查看今天的工作计划。电话响了，是劳拉："托马斯，你找我？"

"是的，我没有理解错吧，你们昨天就节省了 2800 万美元？"

"是的。"

"你确定？"

"我们已经确认过了，很确定。"

"哇，你们昨天都是怎么谈判的？"

"这个嘛，"劳拉说，"遵循我们之前的约定，会前我们把分析数据发给了卡斯瓦德，他们也就没有借口拖延时间了。这个数据令他们非常吃惊，他们在会上试图作出解释，但是都失败了。"

"原来如此，生产部门是怎么做的？"

"他们相当出色。按照计划，我们在谈判前先开了内部电话会议，让团队中的每一个人都明白谈判的目标和策略。然后在谈判前一天，我们还开了半天的研讨会,统一我们的说辞和策略。我们还预演了卡斯瓦德可能的反应,并制定了相应的对策。生产部看到价格差异非常激动:工厂总监路易吉对卡斯瓦德没有公平定价十分生气。他昨天给卡斯瓦德传达了一个非常重要的信息:不得已的情况下,我们只好忍痛割爱,选择其他供应商。"

"听起来不错。"我说。

"是的,生产部的角色非常重要。谈判前全球副总史蒂夫·瑞德给卡斯瓦德的执行总裁打了电话,这也非常有帮助。过去,卡斯瓦德几乎拉拢了生产部的每一个人,而且所有谈判都在工厂里进行;当需要建立关系的时候才会进行全球层面的交流。我们一方面没有数据,另一方面也觉得有些事不归我们管。但这次就不一样了,卡斯瓦德也意识到了。"

"做得好!我们需要把这些成功的要素也告诉其他团队。"我说。

"谢谢。"劳拉说。

"对了,现在有多少人知道这个消息?"

"路易吉和他的人当然都知道。"

"我们需要正式通知,需要通过合适的渠道沟通这些信息。"我说。

罗斯向我办公室走来。"哦,罗斯来找我了,等下再打给你。"

罗斯走进办公室。"你看到米兰的新消息了吗?"

"你是说与卡斯瓦德的交易?"我说。

"是的。"

"罗斯,你消息真快,我也才刚刚知道。"

"我可是这个公司的头儿,"罗斯回答道,"而且不是只有坏消息才传播得快,你们的团队做得很好。"

"谢谢。"

"他们在米兰用的那个价格评估方法是什么?"

"成本回归分析法,"我说,"大体上是根据产品变量进行回归分析,由此来比较这些变量对价格的影响,然后就可以确定价格差异以帮助我们谈判。"

"能带来这样的成果,这个方法一定很好。把你的品类经理叫过来……劳拉吗?"

"是的,劳拉·布拉伊达。"

"嗯,有空叫她给我讲讲这个方法。"罗斯说,"我们现在希望在其他地方也能有类似的成果。"他停顿了一会儿,"不,不只是那点,随着你的团队的成长,我们期待更多的佳绩。"他眨了眨眼,笑着沿着走廊往回走,"记得安排劳拉和我会面。"

首席采购官最佳实践

- 在谈判中定量的分析非常有用:数据就是力量。
- 当与外部的供应商谈判时,一支由采购人员与需求部门组成的、有实权的联合谈判团队非常重要。
- 高管提供给供应商的关键消息对谈判团队的帮助很大。

CHAPTER 27

第 27 章　劳拉获得领导地位

让劳拉来韦恩堡并非难事。跟罗斯谈过后,我立即通知她回来分享谈判的经验。当谈她到个人的职业规划时,劳拉明显雄心高涨。经过我的支持和海伦的确认后,她被安排在下周一早上与罗斯见面。她、罗斯和我一起度过了整个周一上午。

罗斯很想知道成本回归分析法背后的原理。他不断向劳拉重复自己所学到的东西,而劳拉则是一个有天赋的导师。我肯定罗斯一方面是对于学习成本回归分析法很感兴趣,另一方面也是为了准备下一次的分析员会议。由于即将给市场带来的爆炸性的好消息,罗斯的眼中闪耀着光芒。

快到中午时,罗斯要出发去机场了。"抱歉,我不能带你们去吃午餐庆祝,"罗斯说,"不过托马斯会处理好这一切的,你们顺便讨论一下其他品类是否可以借鉴这次成功的经验吧。"

这些都是6个星期前的事了，之后发生了很多事情。其他几个品类也开始实现成本削减，已经节省了超过1亿美元的资金，其中80%是由劳拉的团队完成的。虽然最初成本回归分析法用于包装品类，但她已经将其应用在完全不同的香料品类上了。她的团队租用了米兰大学食品科学实验室，将心域食品主要工厂使用的香料进行成分分解，他们证明了对于所有产品，心域食品购买的实际上仅仅是填充物和同种基本材料，口味和气味的不同仅仅来自于成分的细微差别，而这细微的差别根本不能解释巨大的价格差异。当劳拉威胁要将这个发现在食品行业里公开时，来自法国的跨国供应商屈服了。

尽管劳拉在心域食品集团很快升到了领导位置，我也没有丝毫嫉妒。相反，我为她是我们的团队成员而感到很自豪。按照罗斯的建议，我开始把她从操作性职位提拔到项目管理职位。她还定期参与大多数其他品类团队的进展汇报，经常能针对棘手的问题提出创新意见，找到"痛点"。

劳拉不介意频繁的出差，所以我不用经常出差了。在很有限的几次私下交谈中，她告诉我对于新的职位，她感到很幸运。"托马斯，你知道吗，我以前的同学们都还在为在职场中站住脚而奋斗。四处都在缩减预算，做科研或者在大学任教都非常困难，而工业界也没什么数学家的机会。我们班最聪明的毕业生仍然住在父母的房子里，因为找不到一个足以支付房租的工作。我真心感谢你和罗斯给了我这个机会。"

劳拉对工作的热情让我有更多的时间待在家。只要方便，我就会接孩子回家、检查他们的家庭作业、准备晚餐。尽管尽了最大努力，我跟海蒂的关系还是不稳定，我们之间的交流还是很少，不过至少没有争吵了。

劳拉升职以后，每隔一周就会来韦恩堡。有她在身边很开心，我试着说服她搬到这里。罗斯也同意了。

她这次来访韦恩堡的原因很特殊：罗斯想把年度春季聚会的焦点放在采购计划上。劳拉的团队将被选为榜样，所有人都很期待看到舞台上的罗斯。春季聚会可以携配偶出席，我害怕海蒂会拒绝，吞吞吐吐地问她是否愿意参加。出乎意料，她一口答应了："好啊，我会去的。毕竟在韦恩堡又没有什么事可做，我也喜欢像往常一样好好打扮一番。"她请了邻居的女儿——一个大二的学生——来照看孩子。

首席采购官最佳实践

- 在组织中复制成功。
- 识别和奖励任何地方出现的人才。
- 在团队间定期举办公开的总结会议。

CHAPTER

28

第 28 章　春季聚会

根据传统，心域食品公司每年春天都会在韦恩堡会议中心（当地最大的会议中心）举行公司聚会。

聚会办得很不错，显然组织者花了很多心思。为了方便宾客之间交流，在摆放鸡尾酒的桌子之间没有摆放固定座位，而是设立了开放的休息区域。我和众人一一打招呼，并向他们介绍了海蒂，到后来她似乎都有点应接不暇了。

晚上八点，罗斯发表了简短但是热情洋溢的演讲。他隆重地介绍了公司新的采购计划，并就成本回归分析法大力表扬了劳拉和她的团队。随后会上播放了一个对该采购计划做出贡献的员工视频介绍，当然这里也包括我和劳拉。在视频接近尾声时，罗斯邀请所有采购计划贡献者上台接受大家的掌声。

不知道出了什么事情，我在台上时看到海蒂要离开会场，我走下台追上了她。

"海蒂，怎么了？你为什么离开了？"

"你是不是有外遇了?"

"什么?你在胡说什么?"

"刚才站在我旁边的两个男人说'这里所有的人都知道'你和那个意大利女人有一腿。"

"你说劳拉?这太荒谬了!我们只是在一起工作而已。"

"托马斯·萨特,我再问你一次,你到底是不是有外遇了?"

"我说过了,她只是我的一位同事,是很不错的同事。她工作非常努力,人也很聪明,新的采购计划多亏了她才能取得成功。但是这跟外遇有什么关系?你怎么能相信那些人的胡说八道?你难道连我都不相信了吗?"

"托马斯,我最后再问你一次,到底有没有?"

"当然没有!如果我没记错的话,你的大部分同事都是男性,而我从来没有指责过你是不是有外遇。事实上,劳拉可能是第一个我能记住的女同事,你却指控我和她有外遇!我觉得我们现在的讨论没有一点儿意义,而且你在会上丢下我直接离开,让我非常没面子!"

海蒂似乎接受了我的回答,虽然她整个身体仍在颤抖。最后我们决定直接回家,一路上两个人都很沉默,她一直在哭。我觉得我们之间的关系已经陷入谷底了。

周五早上，我们与罗斯、加纳（首席财务官）、瑞克（生产部）、赫南多（研发部）和斯嘉丽（市场部）召开了面对面的会议，并与欧洲、非洲、中东和远东地区的经理召开了视频会议。

CHAPTER

29

第 29 章　不仅是书面的成本节约

时光飞逝,采购项目已经进行了 6 个月,取得了很大进展。我和劳拉一方面与所有参与项目的主要人员保持密切沟通,另一方面我们决定组建一个正式委员会专门负责该项目。这样,我们能够对项目的成果进行更系统、更全面的跟踪报告,还可以提前整合我们的策略计划,为下一阶段工作做准备。

我帮劳拉稍微修改了一下她的演示文稿,其实她的报告很好,只是有些过于"偏数学"了。基于事实分析固然重要,我们也需要考虑一下听众的接受程度和注意力。周五早上,我们与罗斯、加纳(首席财务官)、瑞克(生产部)、赫南多(研发部)和斯嘉丽(市场部)召开了面对面的会议,并与欧洲、非洲、中东和远东地区的经理召开了视频会议。

我简短地介绍了一下"掘金"计划,然后交由劳拉来展示我们现已取得的成果。

品类	支出(亿美元)	成本节约目标(亿美元)	品类分析	市场分析	品类策略	开始执行	协议谈判	完成实施	成本节约(亿美元)	
									预计的	已实现的
原材料	312	12.4							11.3	5.99
包装	48	7.2							8.42	2.33
代工制造	60.5	9							7.7	0.83
物流	42	6.3							6.93	4.27
生产设备	24.2	3.6							6.38	0.96
设施与不动产	23.6	2							1.7	0.09
市场营销	59.5	6.5							4.7	0.12
行政管理	30.7	3							2.44	0.47
总计	600.5	50							49.57	15.06

当劳拉讲到50亿美元的预计成本节约金额时,加纳提出了一个在座很多人可能都在考虑的问题:"劳拉,这个表看上去很棒。但是,如果我仔细看这份报告,我几乎没看到任何实际的成本节约。你说的这些似乎有些纸上谈兵的感觉?"

这个问题其实在我的意料之中。"加纳,很高兴你提出了这个问题。实际上,这正是我们想召开这次会议的目的之一,让每个人明白这些数字代表的不同意义。在这个表格中,你可以看到我们区分了'预计'和'已实现'两项成本节约。为了提供更可靠的数据,我们一共提出了五个成本节约的概念,这只是其中两个。接下来我会很快地介绍一下附录中的相关页面。"

项目管理办公室		
成本节约的可实现程度		
所有指标都以"成本节约可实现程度"来衡量		
可实现程度	类　　别	备　　注
1	潜在的成本节约	分析所得到的成本节约
2	来自报价的成本节约	可靠的供应商针对相同或类似的产品提供了更优的价格
3	建议的成本节约	验证过的谈判（以及供应商拜访）中与供应商确定的更优价格
4	协议的成本节约	已与供应商达成协议，产品或服务已经通过检验并将发生实际采购
5	实现的成本节约	取得了更优的价格，产品或服务的品质令人满意，逐步发生实际采购

我接着说道："我们确实在包装品类上取得了成本节约，无论是因为签订了新合同，或是对可实现的成本节约达成了共识。对于仍处在步骤1、2、3或4的计划，这样的成本节约称为'**潜在的成本节约**'。在我们进一步推进计划之后，我们会更加清楚地了解我们的支出、需求、市场（包括行业标杆）以及我们准备采用的手段，这样我们可以更加确定潜在的成本节约是否可以实现。在实际的谈判当中，我们从市场上收集真实的价格信息，并且根据供应商报价计算在不同情景下的成本节约，这就是'**来自报价的成本节约**'。我们最终接受的报价就是我们所谓的'**建议的成本节约**'。然后最终的成本节约仍然需要白纸黑字才能变成'**协议的成本节约**'。'**实现的成本节约**'是当我们根据新的合同订购产品或者服务后达成的，因此我们仍需要一定时间才能将这部分成本节约写入账本。但无论如何，成本节约都是基于大家同意的报价，以及价格基准线计算得出的。劳拉会追踪成本节约的具体细节，她也会通过SharePoint上的数据库更新在接下来的24个月内可能实现的息税前利润率（EBIT）。我们可以在下周再进行一次会议吗？这样我们就可以做进一步讨论。"

加纳对我的解释很满意，于是我们按照计划继续进行"品类深度分析"。劳拉邀请品类负责人关于物流和包装各做了30分钟的讲解。物流部的弗雷德·延森对于首次在高层面前介绍自己的工作感到很骄傲，他解释了什么是"协作性优化"，以及这项工作为什么是我们目前取得的最大飞跃之一。

弗雷德自豪地阐述了这一方法：以往情况下，供应商的报价受到客户限定条件的限制。比如对于物流来说，理论上可以有许多不同的路线和交通工具选择，若客户指定交通工具和路线，这种人为限定就导致供应商不能根据他们的最优成本组合来报价。

相反，运用"协作性优化"的方法，心域食品物流采购报价函就不必囊括精确的限定路线和转运要求。取而代之的是，投标内容罗列了心域食品的需求，以及潜在供应商可提出满足需求的解决方案。这样供应商就可以根据各自的最优成本组成和现存网络布局来提供精确的报价，而且在这套报价体系下，供应商会提供在不同情景模拟下的不同报价。运用先进的分析手段，公司对于类似的方案进行比较，并从中选择出最为有利的一种。最终不同供应商会各尽其职，通过合作来满足提出的整体需求。

加纳马上就理解了这种方法的优点，他还提出这种方法还适用于那些规格复杂度高且供应商专长不同的品类。项目团队告诉他，实际上，包装品类的采购已经开始采用这种方法了，对合同工的采购也在考虑运用这一方法。

最后，我稍微总结了一下这次会议顺利结束的三点原因：第一，我们做了充分的准备，因此没有出现过多现场思考问题答案的尴尬情况。第二，我们十分欢迎听众提出的问题和异议。第三，我们对技术层面内容的展示把握得较好，深入浅出且言简意赅，使高层管理者对于会议内容也能理解。

首席采购官最佳实践

- 有效管理各个执行阶段，确保成本节约的实现过程是透明可见的。
- 基于事实的深度分析，不仅是获得认同的有效手段，同时还有利于获得更广泛的意见。
- 充分准备项目会议，努力一定会带来回报！

CHAPTER 30

第30章 不仅仅是成本节约

会议结束后我与斯嘉丽一起走向电梯。"我觉得这会议进行得很不错,"她说道,"我想和你聊聊你们团队与我们欧洲市场营销团队的合作情况。"

"你是说指正在准备的陈列展示材料(Point-of-Sales Materials)吗?"

"是的,我觉得目前的进展很不错。整个团队真正地在思考如何提高整体的服务水平,而不仅仅考虑成本问题。这点非常关键,因为只有提高整体服务水平,我们才能在商场里更好地销售产品。通常来说,采购部门不会这样思考问题,他们往往只关心供应商选择与合同问题,不过现在这种做法显得更有战略眼光了。"

这件事要从之前成立的一个跨部门联合小组说起。为了调查德国和奥地利的陈列展示材料的品类的节约机会,我们建立了一个项目小组。一开始斯嘉丽对这件事有些抵触情绪,她觉得采购小组并不可能进一步带来任何价值了。我当时真正的想法是希望全面检查市场营销团队的所有支出情况,包括所有国家和地区的支出,而非几个市场。但当时出于斯嘉丽的顾虑和反对,我做出了一定的妥协和让步,并说服她先做试点项目。虽然这不是最理想的状况,但起码它推动了事情的发展。

我让汉斯·哈迪斯(就是那个在韦恩堡会议中说了很多,但表现并不尽人意的奥地利人)来领导这个采购项目。在这一地区工作,英语水平并不重要。而且,他本人非常殷切地希望提高采购在公司的地位,目前他在奥地利的岗位无法让他大展拳脚,他觉得这个全球化项目能给他个人发展带来很大的机遇。而这个试点项目正是一个测试他能力的好机会。

当然,我也考虑过其中的风险。试点项目的成功是让我们将结果推广到其他陈列展示材料品类的敲门砖,也是我们赢得斯嘉丽信任的关键。只有保证这个项目的成功,我们才能在其他营销支出品类中扮演更积极主动的角色。比如,直觉告诉我,国际广告代理这一块拥有巨大潜力,但是,我们必须取得斯嘉丽的信任才能涉及这个范围的工作,而这个试点项目就是取得她的信任的关键。

为了控制风险以及防患于未然,我与汉斯每周通过电话跟踪进展,对项目非常了解。而汉斯也一头扎进了这个项目。他的团队也包括一些市场营销和供应链部门的员工。他们不满足于当前的合同与商务关系的研究,还仔细审查了端到端的陈列展示材料的生产流程。随着时间的推移,事情有了明显的进展。后来我缩短了跟进会议的时间,并将频率改为两周一次,这也让汉斯觉得我对他的工作越来越信任。

项目小组的初步分析结果显示,目前公司缺乏端到端的监控机制,以保证产品能够及时送到售点来配合促销活动。同时,生产商和分销商之间也存在很多未妥善管理的交接流程,这也造成了很多问题,比如辅助陈列品没有被完好无损地送到目的地,对现场管理造成了很大的不方便。这不仅给我们的客户增加了麻烦,也削弱了他们帮助我们进行品牌促销的动力。另外,德国与奥地利之间的产品规格和标语都不一样,其实这两个国家使用相同的语言,目前的做法完全没有意义。这些都导致我们的物料复杂度过高,产品无法及时送到售点,而当送达时已经不能适用于当时的促销了。

针对这些发现的问题,联合项目小组的建议是选择一个能够进行端到端服务的供应商负责整个供应链,并根据服务级别签订合作协议。此外,就更改产品规格等事宜公司需要建立一套内部管控机制。市场营销团队基本认同这个建议,不过促使他们态度转变的不仅是成本(虽然他们也重视成本控制),最主要的原因还是由于服务水平的提升。后来,斯嘉丽要求将这一项目从德国和奥地利推广至全欧洲。目前我们已经收到三个符合要求的供应商报价,有望在目前水平上实现12%左右的节约,当然最终的合同将会包括一系列与服务水平相关的激励措施:比如如果没有达成目标会进行的惩罚措施,以及超过预期表现的奖励机制。

现在我们还有很多工作要做,项目的具体实施仍在进行,在完成供应商筛选后我们还需要持续监控他们的表现。不过,这已经是一次重大突破了,从与斯嘉丽的对话中可以看出来她挺满意的。

当我们离开电梯时,她说:"托马斯,如果你没有什么意见的话,我想会让简安排一个会议,关于和国际广告代理商的合作问题我想听听你的意见,我们最近遇到了一些问题。"

"非常乐意!"我说道。

首席采购官最佳实践

- 不要仅关注价格和外部成本,服务水平、质量,以及供应商创新能力都是非常关键的决定因素。
- 不要奢望一开始就会得到利益相关方的认可,需要努力获得他们的信任。
- 根据项目的收益与风险,调整个人对项目的参与程度,但也要明白不同介入程度对团队积极性的影响。
- 在选择供应商时就提前考虑项目实施、供应商跟进管理的问题,这是保证获取项目成果的关键。

CHAPTER 31

第 31 章 启航

罗斯临时通知我到他的办公室开一个简短的会议,我一头雾水地走进办公室。

"你好,汤姆。快进来,请坐。"

"早上好,罗斯,"我说道,"事情进展如何?昨天的分析师会议开得怎么样?"

"不太好,这就是我找你来的原因。有个分析员一直在追问我们采购的绩效以及和竞争对手比较的情况等,差点让我抓狂。他侃侃而谈一些全新的采购 KPI(绩效评估指标),自以为是地给我上了一课。我从来都不怎么喜欢分析员,但像他那样的真的让我头疼。你觉得我们现在采购的绩效如何?"

我停顿了一下,不知该从何说起。

"其实,我们现在有很多采购的关键绩效指标。在奥腾汽车我们看每个采购项目的整体绩效表现,追踪预期收益并对比劳动天数的总投入。不过在心域食品,我们还没到这一步。具体是指:新的采购组织仍处于建设阶段,也在逐步实现成本控制和节约。而且你也知道,我们已经有一些不错的成功案例了。一旦成本节约开始见效,我们会持续追踪成果。"

我知道罗斯已经清楚我说的是什么了,并且他会付诸实践。他告诉我他会100%支持我,还说他清楚成本节约迟早会体现在财务报表的利润中。随后他凑近看着我说:"但是,在下次分析员大会前,我需要一个明确的答案。不然,这些人会一直追着我,采购部门创造的所有价值都会因为股价的下跌而付诸东流。托马斯,这就是单纯的沟通问题。所以,给我一个能让他们接受的说法,说说在心域食品是如何通过采购绩效提高财务表现的,而不是告诉我在某一个灯塔项目上投入的劳动力。如果需要什么协助,请随时告诉我。"

"我明白了,我需要劳拉的协助。你知道的,她很有想法,而且她的数学背景会非常有用。我还需要一个财务部的人,财务控制部的负责人卡洛斯就很理想。"

罗斯说:"没问题。还有别的什么吗?"

"最终 KPI 设定我们需要和谁沟通呢?除了你还包括谁?"

"只要是你和首席财务官加纳都同意的,我都没意见。祝你好运,一切就交给你们了!"

他转身走向桌子,我离开了办公室,想着把团队召集来开个会。我觉得与其叫它 KPI,还不如叫它"采购管理绩效矩阵"之类的,这样更简单易懂。

一周之后,卡洛斯和劳拉来到了韦恩堡的办公室里,我从罗斯给我们的这项挑战说起。

"最近我做了一些行业调研,的确有许多公司正在实行一套全新的 KPI。分析员们很喜欢这套体系,而且老实讲,它确实很有意义。"

卡洛斯说:"请继续说。"

"它是一个采购组织的效率评估方法,是用'实际发生'的财务收益除以总采购部门运营成本得到的一个比例,过程中进行分阶段的追踪,也可以在团队层级、区域层级或业务单位层级进行整合,其目的就是从财务角度衡量采购的表现。"

我走到白板面前,写下一些数字。

"举例来说,劳拉,你和你的团队一年节约成本大约 8000 万美元。让我们假设它们中有一半被实现了（即成为了公司利润），那是4000万美元。你们采购团队的年采购开销是多少呢？"

"大约300万美元。"她不假思索地回答。

我说："这里包括了租赁、其他基础设施、外购服务等所有支出？"

"好吧，那算400万元美金吧。"

"好的，"我接着说，"那你们KPI（也就是你的采购管理绩效比率）就是4000万美元的财务收益除以400万美元的投入，10∶1的回报率。这是一个非常不错的数字！"

卡洛斯很仔细地在听。"显然我们需要知道更多的细节，但目前我觉得听上去非常不错。那么，现在具体有什么问题呢？"

在我开口回答他问题前，劳拉说道："和以往遇到的问题一样，我们该从哪里获得这些数据，又如何保证数据的一致性呢？我们需要一些流程，定期从一个团队获得他们的数据。我们还需要给他们一些简单实用的工具，比如内网上的一些数据录入窗口，以保证输入的数据使用了同样的格式和结构，不会发生不一致的情况。当然，每个人还是需要填写相同类型的数据，这意味着我们必须非常清楚每项数据的定义。这些都挺难的，托马斯，你有那项KPI的准确定义吗？"

我点头道："大致上是有的，不过我们还需要进行一些微调。不过它的逻辑非常棒！如果你只有一个简单的数字的话，那么除了和其他公司做一下比较之外做不了其他任何分析。但事实上，KPI将它拆分到了采购绩效的价值驱动因子层面了。"

我在白板上画了一个图表来表示什么是我所谓的价值创造因子，一边是支出覆盖率、收益、成本节约比率等；另一边是人事投入、基础建设等。我告诉他们数字是在这个层级收集的，所以谁来提供这些数字显而易见。我补充说管理者可以很清楚地看出是哪些驱动因子激发或阻碍了目前的效率等级，这样就可以明确下一步需要改善的地方。

很明显劳拉对这个模型非常震惊，她说道："哇！这意味着如果我们真的推行了KPI制度，就可以对这些指标进行周期性的对标，还能提供持续改进方案？这听起来实在是太棒了！只是……"

"只是什么？"看到她紧张起来，我问道。

"在下次分析员大会前，要把这些建立起来并开始运作会是一项非常艰巨的工作。不过无论如何我们现在也没有其他选择了，你说对不对，卡洛斯？"

"听上去确实如此，"卡洛斯说道，"我们需要再仔细地想一想，然后和加纳具体讨论一下吧。"

接下来两天，卡洛斯、劳拉和我敲定了 KPI 的细节，以及如何将它推广到心域食品采购组织中去。于是我们一起去了加纳的办公室，向他展示我们的讨论结果，希望能获得他的认可。

我们在他办公室门前等了几分钟，然后加纳开门示意我们进去。"大家好！抱歉让你们久等了，请进来坐。好吧，和我讲讲'采购效率管理'吧，是这么称呼它的没错吧？"

"没错，"我说道，"我知道你参加了上次分析员电话会议，当时我们被抨击没有使用最新的采购 KPI。可能你已经听说了，为了防止再次被抨击，罗斯让我、劳拉还有卡洛斯一起设计了一个实用的模型，用来追踪、汇报、管理新的采购组织效率。我们想向你介绍一下我们的思路，听听你的看法，并尽快推行，以便在下次会议前做好准备。"

加纳笑了笑，说："呵呵，你们知道的，在我这么长的职业生涯里，还没有一个公司的采购负责人能够告诉我如何在息税前利润（EBIT）中体现出他们实现的成本节约金额。今天，难道你们终于发现了宝藏？恕我直言，虽然采购部门最近取得了令人振奋的成绩，但是……"他朝我们眨了眨眼，表示他会带着开放的心态听我们说的，"卡洛斯，你觉得如何？"

"说实话，加纳，我认为我们确实取得了实质上的突破。它确实可以成为我们管理内部采购表现的有力工具，也能帮我们对付分析员，无论如何都能在下次电话会议时让他们满意。如果我没有这点信心，那我——应该说是我们——也就不会坐在这里向你展示这套工具了。"

加纳稍微调整了一下他的坐姿："好的，看起来你们对于这套新概念都很有信心,我倒很想听听看到底是怎么回事儿了。最大的区别是什么？为什么它和损益表(P&L)直接相关,而其他那些我从首席采购官那里得到的报告却不能呢？"

劳拉总是能很快地回答问题:"因为我们的效率评估就是从财务视角出发设计的,其定义非常严苛。我们设置了严格的收益回顾期间,溢出到下一年的会被计算在下一年中,去年溢出的会显示在今年。此外,我们只追踪公司会计账簿就可以找到实际发生的采购收益。"

劳拉继续阐述采购会使用一个综合的、全生命周期的成本核算方法。"这意味着假如我们买一个新的、规格更好的包装薄膜,即使包装的采购单价更高,但最终生产线的总体产能提升了,并且节约了成品的生产成本,这也会被视为是一种价值创造。所以,我们讲的不仅仅是价格。在成本这一块,我们包括了所有的内容:人工成本、基础设施建设、培训,等等,并按周期进行统计。所以,总的来说,我认为这与我们的损益表非常相似。"

加纳说道:"这些听起来很有道理。那么卡洛斯,你认可这个方法吗？"

"我认为这个方法可行,而且我认为分析员们也会认可这种方法的。"

加纳笑着说道:"所以,如果这些都是那么显而易见,大家为什么总是搞不清楚那些与采购相关的收益率呢？"

"这个嘛,"我说道,"也许问题出在数据透明度、一致性,等等,我们其实不用对此进行深究。我们 KPI 的美妙之处在于它将采购的价值贡献拆分成有形的驱动因子。让我首先对它们进行一下明确定义。"我边读边把以下内容写在纸上:

支出覆盖范围:采购部门可影响的支出金额。

品类收益:采购部门实施采购项目获得的成本节约。

速率:采购部门在一个品类上改善的次数。"当然,世上所有的成本节约都需要合同在真正被履行之后才能实现。"我在记事本上继续写道。

合规性:合同和制度的履行程度。

我把那页撕下来交给加纳。

关于合规性最基本的逻辑是,你只能从你所能控制的支出里获得价值。换句话说,你需要首先覆盖这部分支出,再通过采购项目实现成本节约收益。总成本节约显然是基于可支配的支出所获得的(所谓可支配支出,即可以通过采购项目去影响的支出)。但如果大家都不履行新的合同,也就是说合规性非常差的时候,你永远无法获得相应的收益。

"好吧,"加纳说道,"我承认我从来没有从这个角度看过采购。"

我接着说:"设想支出覆盖上出现了一个问题,比如,覆盖率只有40%。首先,这就意味着有一个很大的盲区(60%的支出覆盖)具有提升效率的潜力。第二个问题就是为什么会出现这样的情况。是因为支出不透明吗?如果是,我们就该讨论提高数据透明度的问题。或者数据是透明的,但采购未得到数据的管理授权?那我们可能需要讨论管控问题。或以上都没有问题,但是覆盖率就是非常低?那么采购可能需要更积极地参与并提高他们对利益相关方的管理。"

加纳正全神贯注地听着,我觉得他已经在逐步接受了。"最后,"我说道,"也许这是最重要的一点,这些发现可以引导采购更积极、更有前瞻性地工作,帮助我们专注、透明地管理采购。这是我们以前从未有过的举动。"

"这样说吧,"卡洛斯补充道,"利用这些,我们不再是简单地回答分析员的问题,而是创造了一个关于采购绩效的生动的故事。以某一个海外事业部的信息为例:

	当前情况	提升后
总支出	$28亿	$27.4亿
支出覆盖比例	86%	86%
支出采购比例	77%	77%
收益	2.6%	4.0%
合规性	68%	80%
运营费用	$1070万	$1070万
生产力	3.1	5.4
实现的财务收益	$3300万	$5800万

如果将这个概念在心域食品推广,"卡洛斯说,"我们不仅可以宣称我们的采购绩效非常透明,而且今后还能掌握主动,完全可以对外宣称我们在系统地通过财务绩效管理采购表现。当然,我们确实能做到这一点。"

加纳站了起来,说道:"我不得不承认被你们打动了!各位,放手去做吧!辛苦了!"

加纳给罗斯写了一个简短的便条：

罗斯，

托马斯和他的团队刚向我展示了他们的采购绩效管理理念。很不错，我对接下来的实施没有异议。

加纳

备注：要是你没有时间参加下次分析会议，我很乐意替你出席。

> 首席采购官最佳实践

- 积极追踪并管理采购部门实现的整体投资回报率，引入绩效文化。
- 分解并管理收益的主要驱动因子，"支出覆盖范围"、"速率"、"品类收益"以及"合规性"。
- 不要仅仅关注于"成本节约"，还要管控采购涉及的其他增值活动，如质量、风险规避。

第32章　推行新的采购组织

　　夏天已经接近尾声。在开车去公司的路上,我开始回顾过去几个月发生的事情。说实话最近发生了很多事请,最令我感到欣慰的是我在采购转型中取得的成果。那些最初看起来像灾难的事最后都被转化为我职业生涯中最成功的案例了。可是在家庭方面却恰恰相反。我和海蒂各自作出了多次努力,但即使如此我们的距离还是越来越远了,每次小心翼翼的对话最后似乎都会变得有些剑拔弩张。我不太确定海蒂在她律师行的工作状况,但从她早出晚归的情况看来,她最近事业上应该发展得不错。

　　本着尽人事听天命的原则,我尽量多抽时间在家陪伴我的孩子们,将精力专注在工作上。近期随着成本节约金额逐渐增加,财务部门也基本认可了采购绩效管理理念,我认为是时候将事情推进到下一阶段了。在过去的几周里,基于奥腾汽车的组织架构的理念,我一直在思考对心域食品的革命性组织变革。我在经历了春天的那次挫折之后已经学乖了,一直在积极寻求心域食品公司的核心成员们的支持。让人出乎意料的是瑞克成为了我的"第一个朋友"。他一开始对我推行的项目是抱着怀疑态度的,不过最终他还是站到了我这边。在这之前,我通过采购团队浏览了所有他关于生产、工程的关键报告。

我也有意识地将我的想法经常找机会灌输给罗斯。我常常抽空闲逛到罗斯的办公室附近看他是否有空,如果他办公室门开着就会走进去和他一边喝咖啡一边讨论。我发现和罗斯谈话,一些非正式的、不拘小节的、也不靠精心准备的幻灯片的会议其实是最有效的。他记性非常好,而且思路敏捷,眼光犀利,总是能提一些给人全新视角的问题,而且对于如何在心域食品实施这种实际的问题具有真知灼见。每次这样的会议结束后,罗斯也很乐意阅读经理们上交的决策报告。

今天,我召集了一次会议正式通过新采购组织架构。我将会议时间安排在临近采购项目的月度会议时,这样所有的采购负责人都被同时邀请到了韦恩堡。与此同时,瑞克也邀请生产与工程的关键负责人参加。

我以采购团队在心域食品的主要经历作为开场,并汇报了目前进行中的成本削减情况。

"我想要强调的是,我们是通过全新的工作方式才实现了今天大家看到的各项成果。我们主要改变了三样东西。首先,也是最重要的一点,我们为整个采购部门注入了自豪感。现在大家工作具有了使命感,而且高层领导非常重视采购工作。"

"其次,我们通过跨职能协作来开展工作。在采购方面,我们充分利用了心域食品的公司规模优势。之前,心域食品就像独立的中等规模的企业一样,各部门独自购买;但现在,我们真正像一个全球性的消费品巨头那样采购了。与此同时,我们关注跨职能部门的协作。不管我们做什么,都会纳入生产与工程团队,就像他们也会从产品开发早期就把我们加入到工作环节一样。"

"最后,我们的工作方法与过去截然不同。采购不应该用僵化的思路来做事,从来都没有什么'能够解决所有问题的方案'。对我们来说,'采购战略'需要从比较供需博弈力开始考虑。基于博弈力的考虑,我们要么实行目标价格策略,要么与供应商协作,或者执行其他适合的战略。"

我停下喝了口咖啡,看了看在座的听众,很多人看上去似乎对我这番言论都能接受,大部分人在点头。"在过去的几周里,关于如何保持我们成果的持续性,以及如何有效地推进到下一个阶段的问题,我和很多人都进行过探讨。美中不足的是现在我们的工作都基于项目制,一旦项目停止,可能激情就消退了,事情可能又回到以前的状态了。"

"这就是为什么我要提出新的采购组织架构,这样才能使现在取得的成果长久地保持下去。这个新模型可以由一个矩阵来概括:矩阵的纵向维度是心域食品一贯的采购活动,比如各部门、业务单元以及工厂层面从事的各类采购活动。它们能保持工厂运作,确保在相应的时间内、以合适的价格、获得所需数量的正确产品,可称之为'采购运营'。"

"矩阵的横向维度是我们介绍过的采购计划,涉及部门、业务单位及工厂的层面,并对心域食品的规模效应加以利用。大家都知道这不仅仅是采购量的简单集中,可以为我们全球供货的供应商非常少,对于大部分的品类来说,策略方法不受地点甚至是供应商的限制的。品类专家应该懂得利用已有的先进方法,而不是各个地区重新研究。我称这类采购为'战略采购'。"

核心采购流程职责与岗位明细的 RASCI*						
采购 RASCI		董事会	首席采购官	核心专家	品类经理	区域工厂采购员	区域采购经理
战略采购	品类分析		A	S	R	S	S
	供应市场分析		A	S	R	S	S
	品类策略制定			R	A	S	S
	供应商选择与谈判			S	A	S	S
	实施			S	A	S	S
采购运营	需求整合			S	A	S	S
	合同管理			S	A	S	A
	业务分配规划				S	R	A
	订单管理				S	R	A
	交易管理				S	R	A
	供应商绩效评估		A	S	R	S	S
	整改措施			S	R	S	A

*R:制定决策的责任人;A:决策者;S:制定决策中的支持人员;I:决策确定后的通知对象;C:制定决策过程中的咨询对象

"战略采购与采购运营的相互作用是很清晰的。战略采购设定了指导方针,采购运营遵循指导方针。甚至有时候,地区工厂需通过接受一些稍高的价格来获得更好的公司整体的收益。"

"当然,我们需要一段时间逐步引入新模型。希望将来负责横向维度的负责人们,也就是全球品类的采购官们,将在接下来一系列采购行动中脱颖而出。我们一共将有八位全球品类采购官,另外,会有七个部门采购总监直接汇报给我,我们16人将共同管理心域食品的采购职能,预计将在明年年底完成人事安排。借这个机会,我希望介绍新组织架构的第一位品类采购官提名:她在采购团队中早已证明了她的实力,我知道你们毫无异议,都会支持劳拉·布拉伊达作为我们首位全球品类采购官。让我们掌声祝贺劳拉!"

这一安排劳拉已经提前知道,所以对我的讲话她并没有表示太大惊讶。会议室里所有的人都爆发出了雷鸣般的掌声、欢呼声,并对劳拉拍肩表示致意。

这场会议随后变成了一场即兴派对。大家情绪高涨,现场气氛非常热烈,就像心域食品上次准备生产低脂松饼一样开始庆祝起来。

首席采购官最佳实践

- 区别采购运营与战略采购并进行有效的管理。
- 大多数企业需要矩阵式的架构来实现战略采购与采购运营之间的平衡,其中前者关注品类特性,后者关注地域与业务单位需求。
- 需要明确企业整体目标与个别工厂或事业部需求的取舍与平衡。

CHAPTER

33

第33章 我们不应锱铢必较

事情发展得很顺利,我们已经转危为安了。采购绩效工具的成果已初现端倪,证明采购确实可以为心域食品带来财务收益。

然而此时发生了一件奇怪的事,我甚至都不知道它的原因是什么。周五下午,罗斯叫我去他的办公室开一个短会,我们的首席财务官加纳也在那里。

"请进,托马斯,"罗斯说道,"我也叫了加纳过来,你没有意见吧?"

"当然没有。今天我们需要讨论什么问题呢?"

加纳先说道:"我们刚做了月度结算并更新了季度预测,然后看到了预算和预测数字。"

"嗯,"我说道:"我们又增加了4500万美元的成本节约预测,你是想再增高一些吗?"

"我更关注部门的支出。你们部门的支出持续上升,差旅费是原来预算的三倍。"

我大吃一惊,思考该如何应对。罗斯在我开口之前说:"托马斯,我们对事不对人。我和加纳的想法是我们需要将花费控制在一定范围内。不是只有你的部门超过了差旅费的预算,但采购部门最为明显,因此需要注意。"

"我明白你的意思。"

"我们想引入更严格的出差审批制度。比如说,不考虑其他预算削减的情况下,我想强制让部门将差旅费用控制在预算内,预订航班需要征得相关负责人批准才能成行,之后还需经过加纳团队相对应的财务经理批准。"

罗斯停顿了一下:"加纳,我说得没错吧,这就是我们讨论的结果对吧?"

"没错罗斯。"加纳说道。

"好的,"我说,"我可以接受差旅需征得财务经理同意的决定,听起来是个蛮有意思的流程。"

"还有一件事,"加纳说道,"我们计划将差旅预算缩减50%。"

"加纳想警告大家避免不必要的出差。"

显然加纳已经准备执行这一新政策,但我不确定罗斯是不是单纯在测试我的反应。不管怎么说,我都需要陈述一下我的观点。

"我认为这样会有问题。毫无疑问,我们应该尽可能减少不必要的出差。只要条件允许,我们都可以和全球品类经理以及供应商团队开视频或电话会议。"

"没错。"罗斯说道。

"但是,目前我们正想在采购领域大力执行改革。我们现在有一个真正的跨部门的全球品类团队,有时候这个团队必须聚到一起计划方案、建立信任融洽的关系。从工作角度来说,甚至一起吃饭也是非常必要的手段。"

加纳沉下脸来,但罗斯看起来对此饶有兴趣。

"那么托马斯,你需要更高的聚餐与国际机票预算,对吗?我该怎么和股东解释呢?这种做法其实有点奢侈,你觉得呢?"罗斯说道,但也不是非常咄咄逼人。

我感到罗斯并没有准备和我对此加以讨论,明显他在我到来之前已经被加纳说服了。为了避免硬碰硬，我选择了一个更巧妙的方法。我在高级管理层的工作经验告诉我，在辩论中一定要给对方留面子。

"罗斯，加纳，我明白你们的意思，你们质疑的这点是完全正确的。但是，我要说的是，品类团队的确需要出差。米兰的大型谈判囊括了来自全球的团队成员，我们需要将人员集中到一起来做这些。劳拉也需要提前出差来保证不同工厂的人明白收集具体的数据对我们的成功是多么的关键。理想状态是，这些出差也许可以避免，但是我们都知道我们公司现在并不完美，还有很多事情需要亲力亲为，很多时候只有人到了现场才能做成事情。"

"你总是这么能言善辩，托马斯。"罗斯说道。

"在差旅方面的投资，毫无疑问2800万美元的成本节约就是很好的回报例子。我们需要建立关系才能争取更多的有利条件。比如，罗斯，你上周去见卡斯瓦德的首席执行官，这趟行程无疑对我们的未来很有帮助。对于开发包装产品，对方提出很多新颖的建议。一个电话的效果肯定远远比不上与罗斯·贝尔科斯基面对面的会谈。"我解释说。

加纳开始出来缓和气氛，他笑道："托马斯，你的这种奉承太过头了。"他说道，"别和罗斯扯这些，这是一个不公平的谈判！"

"我们雇他就是因为他会谈判，"罗斯说道，"他用这样的手段对付我们却也不令人意外。好吧，托马斯，你说得有道理，我们会再和你沟通的。"

我相信我已经在这场辩论中赢得了胜利，所以没有必要再咄咄逼人了，最好就在我占领有利形势的时候退出。我和他们道别并走出了办公室，我不确定罗斯是否真的想削减差旅费用，还是只想看我如何应对。但不管怎样，我有了其他要做的事情。

事后我想起这段小插曲：一方面来看，在实现了那么多的成本节约之后，还要被质疑差旅预算这种琐事，确实有理由生气。不过幸运的是，我当时并没有发火，因为那根本无济于事，所以我冷静地把那次对话当作一次谈判。另一方面，这件事情也给我上了一课。不管事情进展得多么顺利，总会面临干扰或者其他同事的异议，这些都需要当时加以解决。我回忆起约翰关于管理当下的劝诫，发现这的确是非常好的建议。

首席采购官最佳实践

- 明白潜在的干扰会出现并需要得到解决。
- 对内部的谈判有所准备，并平静地用基于事实的方法反击！

CHAPTER

34

第 34 章　培训计划

收到采购团队的技能评估结果时,我真的是又震惊又失望。与同地区、同行业、同营收级别的公司相比,我们仅处于平均或略低于平均的水平。我还记得在奥腾汽车公司做测试与同行业进行对标时,我们的分数总是遥遥领先的。

这次,一家致力于采购评估的培训机构对心域食品集团进行评估。他们从以下四个技能维度进行评判:分析技能——数据收集、分析及建模;采购流程技能——战略思考、品类专业度、商业杠杆、技能水平、谈判技巧以及其他跨职能的能力;管理技能——人员及项目管理,利益相关方管理;以及个人能力——演讲与沟通技能、领导技能、文化认知及语言技能。

我对于我们的战略和采购运营人员本来是抱以厚望的,我觉得他们有能够实现采购最佳实践的能力。当然,我预计语言能力上可能会出现问题,尤其是在欧洲地区,那边大多数的工厂只会说当地的语言。在美国说英语的地区则不然,因为我们基本掌握了他们的整个供应市场。我一直觉得起码我们的采购技能是高于行业平均水平的,但是这方面的结果也让我大吃一惊。比较有趣的是,可能由于约翰之前转型培训的影响,我们的同事在人员管理、利益相关方管理以及文化认知上表现得不错,但其他方面的评分都是"弱"或者"差"之类。

不过约翰教会我与其抱怨,不如解决问题。恰逢周末,外面又在下雨,我开始制订一份培训计划,以便尽快解决这个问题。只要还有问题没有解决,我便不可能真正放松。

我的目标是根据个人需求培训我的员工,即制订针对个人弱点的个性化培训方案。

我最终完成了一份《心域食品公司采购培训计划书》,并打算听听罗斯对此的看法。他最近在巴哈马度假,所以我和他通了个视频电话。他先通过摄像头给我看了看美丽的风景,还有他面前的电脑。他总是在工作,虽然这么做不是很健康,不过似乎他总是精力充沛。当他在高尔夫球场给我工作邀请时,他说只有当夫人需要放松时,他才会休假。他不需要休假,而且通常两天以后就开始觉得无聊。所以当我出于礼貌问他是否有时间时,他立刻问我出了什么事。

"罗斯,你知道我们给采购人员做了一个评估,但是结果不尽如人意。"

他说他看到了我转发给他的结果。"托马斯,这次你花了一周时间来解决问题。"他对着镜头笑着,到现在我还是很难判定他是在开玩笑还是认真的,也许两者都有。

"是的,罗斯。这周里我还设计了一个专业培训计划,想和你讨论一下。"罗斯看起来挺感兴趣。

"我想建立一个最先进的心域食品采购学院,配备市场上最新的培训材料与方法,然后对所有的 300 名采购员进行培训。为了保障培训效果,他们应该被分为 15 人到 20 人一组在各个地区进行,这也能促进员工间的交流。"

罗斯回答说:"就跟我现在做的事情一样,你知道很多人把培训当成是度假,在那儿坐个一两天的。"

我打断他:"你说得没错!所以我想为采购学院做一个不同的培训计划。以下是我对我们的培训安排所做的计划：我们会提供一个基础的培训项目，包括采购流程与谈判培训，然后是对不同层级人员的更高阶的培训，指导如何缩减成本实现价值创造。此外，我们会新增一个30—60—90天的回顾环节。"罗斯专注地在听。

"这个30—60—90天的回顾项目是什么，托马斯？"

我告诉他，要想实现共同的目标，我们不仅需要培养个人能力，也需要提高整体团队的凝聚力。以终为始地思考，区域品类团队会在第一次回顾中设计具体的品类策略，以及理想的供应商关系管理；在第二次回顾中，他们需要开发一个有效的实施计划；在第三次回顾中，需要展示核心团队的第一份成果。罗斯觉得这个主意不错，而且与传统的偏重理论的培训计划很不同。

当我告知他培训的预计经费时，他确实没有想到会这么高。但对此，我有很充分的理由："培训师不会仅仅作为培训课程中的教练及陪练，也会和学员一起准备回顾会议的材料来确保成功。"我感觉他对此还比较满意，而且反正是从采购预算中出资。

罗斯用他所谓的"技术专家"的口吻给了我一些建议："托马斯，试着让每个关键节点都更吸引参与者。试着以寓教于乐的方式推广新概念、新方法；用类似于'家庭作业'或者'播下希望的种子'的形式安排30天的回顾；在60天的节点，让大家'行动起来开始实践'；90天时则可以用'收获第一份成功'等口号。"有时候罗斯和约翰的思路很像，喜欢用朗朗上口的口号！

太好了，我将成为"心域食品采购学院"的创始人了，我喜欢这个称呼。我打算让约翰来安排这个项目的团队建设环节，他是最佳人选。

首席采购官最佳实践

- 需要积极地管理采购员工的能力。
- 相比理论概念的培训，结合实际工作、比较实用、以目标为导向的培训更有效。

CHAPTER

35

第 35 章 转变

  时值9月中旬，天气十分炎热。在我们房子的后面，种植着一大片玉米，它们一个个高高耸立着，等待着收割季节的到来。与之前最热的时候相比，我将晨跑距离延长至10英里。我对自己挺满意的，但瑞克认为我疯了："人的脚踝可经受不起永久变形，等你老了，是会为此付出代价的。"

  其实我也同意他的话，但我需要通过跑步来使自己的情绪变得平和。我和海蒂之间的问题没有进展，而时间却变得越来越紧迫。我意识到海蒂之所以还没有提出离婚是不想重蹈她姐姐的覆辙。我发自内心地想维系好这段婚姻，但又不知究竟该怎么做。

  我和罗斯之间的会议内容发生了有趣的变化：我们几乎不再讨论关于采购的问题了。罗斯认为采购项目已经圆满完成；但我的看法却与之略有不同，因为我看到大家仍在为这个采购项目而付出巨大的努力。但对于他来说，事情已经变得相对轻松。我们已经对8位全球品类采购官中的6位进行了任命,而且7位事业部采购总监也全力配合项目,因此我有了更多的精力来做其他事。罗斯正在尽其所能地填满我所有的空闲时间。

品类	支出(亿美元)	成本节省目标(亿美元)	品类分析	市场分析	品类策略	开始执行	协议谈判	完成实施	成本节约(亿美元)	
									预计的	已实现的
原材料	312	12.4							11.1	8.32
包装	48	7.2							8.42	8.13
代工制造	60.5	9							8.73	0.83
物流	42	6.3							7.15	7.15
生产设备	24.2	3.6							6.38	6.38
设施与不动产	23.6	2							1.7	0.94
市场营销	59.5	6.5							6.77	5.43
行政管理	30.7	3							2.34	1.3
总计	600.5	50							52.59	38.48

我成为了罗斯最紧密的交际圈中的一员,在该交际圈中还有瑞克、加纳、董事会主席华纳·梅特卡夫。我刚认识华纳,他是个很有意思的人,从小在布朗克斯长大,靠橄榄球奖学金进入了大学,很快成为了四分卫的冉冉之星,并成为印第安纳波利斯队的职业球员。后来他通过不动产投资赚了很多钱,几年前他还打败了当时的国会议员,在位任职了几年。他现在担任咨询顾问,穿梭于印第安纳波利斯和华盛顿之间。

罗斯常常开玩笑说华纳会成为美国总统。华纳通常都是一笑了之,说他口袋里的钱可不够参加竞选的。我对华纳高大的形象和风趣的个性非常钦佩,而且与这样一个有机会当总统的人谈话令我心生敬畏——他说他确实考虑过竞选总统。

由于华纳大部分时间都在华盛顿,我们不得不按照他的时间调整行程。今天为了与他会面,我只能错过老虎队培训的上半部分内容,不过由劳拉主持这个培训,应该没有问题。我们将采购团队分为了20个小组,每组包括来自不同部门、地区和层级的人。每个组选取一个动物命名:除了老虎,还有鲨鱼、鹰、响尾蛇、虎鲸、狼、狐狸、狮子、熊、短尾鳄、大黄蜂、黄蜂、猎鹰、猎豹、大猩猩、眼镜蛇、美洲狮、梭鱼、鳄鱼,以及我个人最喜欢的霸王龙。我发现一个有趣的现象,没有一个小组选择温和的食草动物,比如大象。这是不是我们的员工对供应商的态度太过激进的信号?我记了一笔,打算和约翰讨论一下心理方面的问题。

在和罗斯、瑞克、加纳和华纳的会议中,我们又讨论了一下关于迈耶斯·米切尔的收购问题。这将是大胆的一步:迈耶斯·米切尔的规模是心域食品整个乳品事业部的两倍,而且它在欧洲的益生菌酸奶领域占据市场主导地位,这将有助于推进心域食品在健康食品领域的业务。但是,投资者担心公司发展得太迅速,并对欧洲市场的增长前景表示怀疑。

今天,加纳汇报了他和私募公司的非正式沟通结果。我们可能会和其中一家合作,这样可以让心域食品更为轻松地处理财务问题。"我们从没这样做过。"罗斯说道,"如果要买,我们就要买这家公司100%的股份。我们知道该如何运营、整合这个业务,也知道该如何转变它。看看托马斯和他的采购团队在成本节省方面实现的成果,把这些成本节省的比例运用到迈耶斯·米切尔上,单这一项就是一个赚钱的买卖,我们不需要私募公司的人盯着我们。"

"这也许是取悦投资者的唯一机会了。"加纳回答说,"罗斯,我们已经犹豫近两个月了,已经快错失机会了。"

大家你一言我一语,始终没有达成共识。11点的时候,华纳必须动身去机场了。我去参加老虎组的培训,便与瑞克一同走了出去。"我从来没有见过罗斯像今天这样。"瑞克说道,"通常来说,他做事都是很果断的。对他来讲,要么做,要么不做。对一个问题反复争论,这和他平时的作风完全是大相径庭。"

"但这是心域食品到目前为止最大的收购项目了,对吗?"

"是的,罗斯肯定不想让公司因此而负债。但是就像我之前说的,他大可直接说不。"

我与罗斯没怎么谈论过这方面的问题,所以保持了沉默。对我个人而言,我对现在的岗位很满意,也并不羡慕罗斯的职位。当我到培训的地方时,约翰刚好要做总结发言。

"那么,让我来总结一下,你不可能彻底脱离人际关系。正如你们所观察到的,经营人际关系对于采购来说非常重要,内部的效率取决于你们与他人建立关系的能力,因此你们需要与其他分支机构的采购人员以及其他职能部门的人员建立起良好且长远的关系。"

"我们还发现,良好关系需要具备三个主要因素:真诚、同理心以及感激之心。"

"真诚让你平易近人。它需要你做到诚实,对自己诚实,对别人诚实。如果你是真诚的,就可以倡导你的价值、实现你的梦想。但真诚是有风险的,它意味着要对别人开诚布公,袒露自己的想法。如果他们发现了真实的你,就有可能攻击你的软肋。你们准备好做到真诚了吗?"

这时候我在劳拉身边坐下。"进展得如何?"我悄悄地说。"非常棒!约翰真的改变了我们,其中一个人甚至问他该如何挽救自己的婚姻!"这令我想起了自己在现实生活中不愉快的一面。我仔细听约翰说的话,希望在海蒂的问题上得到一些启示。

"……同理心表明你会认真对待他人。想一想你最喜欢与什么人沟通,这些人是善于倾听还是会说个不停?听比说更难。正如我们之前提到的,如果你能掌握好这个技能,你和配偶间的沟通会变得畅通自如。大部分误会都是由于没有倾听造成的。那么,你准备好向其他人表现出你的同理心了吗?"

我扫了一眼听众,很多人认同地点着头,表情十分严肃。

"好的。那接下来就是感激之心了。还记得小时候父母怎么教你们说'谢谢'

吗？那是非常重要的一课，说谢谢是人与人之间最强的纽带之一。不幸的是，我们中的很多人都将它遗忘了。多说谢谢，不要认为所有事情都是理所当然的，尤其是当你与别人有分歧的时候。你可以批评其他人的举动或行为，但绝不应该批判对方的人格。你们准备好更多地向别人表达感激了么？"

大家纷纷点头。

"非常好。大家记住，真诚、同理心与感激之心，这三者之间是相乘的关系而不是相加的关系，如果它们中的一个为0，那么你与别人建立的整体关系就为0。同理心是无法用感激之心来弥补的。"他结束了自己的发言。

劳拉站起来感谢了约翰，然后告诉大家公司准备了丰盛的午餐，并且在午餐时段，约翰还会待在这里，如果有与会者想问有关早晨培训内容的问题，可以和约翰沟通。下午，他们会开展关于需求方博弈力与供应方博弈力的培训。

吃午饭的时候，约翰被一大堆人围着。我开始思考自己的个人生活，我对海蒂真诚吗？也许吧。我有同理心吗？老实说，这不是我的专长，而且最近，我在这方面十分失败。我表达了感激之心吗？也没有。约翰提到的关于谢谢的话深深震撼了我，多么简单的一件事啊！我从没因为海蒂为我准备晚餐而向她说声谢谢。我立刻给自己找了一个理由，我和海蒂分别准备晚餐的次数差不多，所以我们俩是公平的，对吧？不，如果我没记错的话，海蒂通常会说谢谢。我的脑子开始晕了……

首席采购官最佳实践

- 做到真诚：真诚对待你所信奉的价值以及你支持的事情。
- 具备同理心：认真对待别人的价值与需求。
- 表达感激：为别人做的事情向其表达感谢。

CHAPTER 36

第 36 章　职业生涯的成功与个人生活的灾难

　　她真的要离开我了吗？这个问题我已经思考很久了。我和海蒂的大部分对话可以归纳为相互推卸责任：谁该为我们的婚姻问题负责。其他对我的指责包括我花太多时间工作，或者我没有时间陪孩子们。没错，我错过了学校的《美女与野兽》（乔安娜在里面扮演女主角），是由于米兰的大雾航班被取消，进而使我错过了从美国到法兰克福的联程航班。我感到非常遗憾，但也无能为力。我为自己不能陪伴在家人身边、错过孩子的成长感到很自责，但在这之前海蒂从来没有为此责怪过我。

　　难道是因为海蒂遇到了其他男人？我知道她是一个非常有吸引力的女人，可以轻易吸引到男人。她正在找寻能经常陪伴她的人么？但她是那种人么？我不知道，但可以确定的是，我太关注心域食品了，过去的一年半里我几乎都在忙采购转型的项目。男人总说他们投入大量的时间工作是为了给家人带来更好的生活，我也不例外：我只是想解决心域食品的问题，取得采购部门和个人的成功，在这之后就和我的妻子孩子过上正常的生活。但现在看来，我解决了大部分工作上的问题，也许是该学学如何解决生活问题了。我开始意识到自己是多么思念海蒂，我想起了我们一起度过的时光，她的微笑，她睡着的样子，一起醒来的场景，一起度过的假期……这时我的手机响了。

我简直不敢相信，是《环球经济》的主编弗兰克·凯里根。我从未见过他，但看过他的很多文章。此人非常有才华，思维敏锐，观点犀利，而且具有天才的商业眼光。但为什么会给我打电话呢？他简短地介绍了下自己："我叫弗兰克·凯里根，为《环球经济》工作。"他问我是否有时间，并开始问12个月前心域食品公布的50亿美元成本节约计划的进展情况。我的第一印象是这个人的语气很傲慢，然而当我回答说"我们目前已实现了45亿美元的成本节约"时，他的语气立刻变了。

"托马斯，"他说，"这真的是一个非凡的成就。我听说心域食品在采购转型上取得了很大的成功，鉴于你几乎已经达成了目标，我想把心域食品和你放到杂志封面上。可以请你抽空参加一个访谈吗？"

我不知道该说些什么来掩饰内心的激动。"弗兰克，我想这周可能有点困难，你看下周如何？下周二在心域食品我们一起吃个午餐？"

我和他约在心域食品一个特殊的餐厅见面，那是专门用来接待重要的企业访客或客户的。当然，我在周末好好准备了访谈的内容，提前思考了弗兰克可能会提的一些关键问题。

我们开始享用午餐，果然不出所料，第一个问题就是关于心域食品转型项目的进展和财务收益的。太好了，我准备过这个问题："我们的转型进展得很顺利，但还没有全部完成。心域食品在12个月前开始实施采购转型项目，我们认为总共需要24个月来实现真正可持续的收益。目前的财务收益不错，已实现了45亿美元的削减，而我们的计划目标是50亿美元。另外最新的情况是，我们不会止步于50亿美元。我们的采购团队为自己设定了一个60亿美元的新目标。"我答道，"这就是为什么该项目还需要一年的时间。"

他继续深挖我们转型的细节："所以，采购转型不仅仅是一个普通的成本节约项目？当成本节约目标实现后,它不会结束吗?"

"不会结束。采购转型远不止成本节约,而成本节约则可充当转型的催化剂。采购转型追求的是内部及外部的有效性：内部有效性是指,不仅在采购组织内部进行紧密合作,而且采购部与跨职能部门也要进行紧密的协作。外部有效性是指,发掘与供应商合作的最佳战略。两者都做到才能成为'顶级采购'。我们目前实现了80%以上的外部有效性目标以及约50%的内部有效性目标,还不足以画出新的组织架构图或流程图。大家的确需要使用新的流程,但不能一蹴而就。顶级采购需要对领导力的本质有深刻的理解,但仅仅拥有最好的工具、理论与方法是不够的。人也非常重要,这是成功的关键因素之一。要赢得民心！"

他想知道主要的成功因素,尤其是软实力,即更关注于人本身的方面。我很意外的是《环球经济》会对这一点如此感兴趣,不过对于这个问题,我已经提前好好准备过了。

"在软实力方面,心域食品共有5项非常重要的成功因素。它们是：

(1) 领导转型：我们的首席执行官罗斯·贝尔科斯基非常支持这一转型计划。在过去的12个月里,他提供了所有我需要的资源,为我扫清了障碍,并对转型项目作出个人承诺,为转型的成功担负了个人职责。他从一开始就对我说,'告诉我一个一流的采购部门需要哪些人,我把他们交给你调配'。

(2) 创造改变的理由：同样是在一开始,我们就给大家一个具有说服力和逻辑性的理由。罗斯非常明确地公开宣布了50亿美元的节省目标,人人都知道它是必须完成的。员工也会有一些个人的理由,比如想要维系工作,或不想损失薪水。比起丢了饭碗,他们还是更倾向于从供应商身上省钱,即使这个想法有点自私。更积极的创造改变的理由是,我让心域食品的同事们意识到,我们可以变得像我以前工作的奥腾汽车的采购团队一样专业。大家都意识到我们需要像奥腾汽车的采购团队一样建立声誉,让心域食品拥有业内一流的采购团队,同时其他公司都希望从心域食品挖墙脚,从而获得专业的采购人才。这就是让我的团队引以为豪并增加动力的原因。

(3) 动员利益相关方：我还记得以前我难以融入采购部门,以及与其他相关部门之间产生的那些不愉快的事情。在那之前，我从未想过连高层领导都会这样抵制转变：没有人想离开他们的舒适区或者改变与采购部门合作的方式。尤其是在这个时期，采购突然也想在产品设计和其他领域贡献更多的创新。之前，其他部门是不能接受这一点的，即使是在采购部门内部，我也被视为是'来自汽车行业的门外汉，对食品零售一无所知'。他们告诉过我很多次，只有与长期合作的供应商增进关系才能在行业中生存。我把所有关键的利益相关方聚集在一起，开了一次关于转型的研讨会。研讨会中，我们讨论了什么是舒适区，舒适区就是即便它让我们感到舒适，但并不能引领我们走向未来的成功。我提出必须要进入学习区，这就意味着需要做出改变。当我们讨论到行业中的领军人物也因为固守在舒适区而开始消亡的例子时，利益相关方真正被我打动了。

（4）激励员工：我不得不说，没有比成功更能激励员工的了。庆祝大的胜利可以让我们保持士气，比如庆祝首个 2000 万美元的成本节约，或第一个取得成效的创意，以及评选组织内的'明日之星'等，我至今还记得我们为实现首个 1 亿美元成本节约而举办的庆祝会。我们为取得的首个 10 亿美元成本节约举办了一个盛大的庆典，这 10 亿美元的成本节约是由首席财务官亲自认证的。罗斯在庆典中肯定并表扬了我们的成果，不过也指出我们还没有实现最终的目标。采购部、生产部的员工以及我们的工程师都出席了，他们都被视为主要的贡献者。我记得团队中有一个来自意大利的同事，她在董事会面前展示过她的工作及成果。那是 8 个月以前的事了，现在她已被任命为我们首个全球品类采购官，这不仅对她来说是件好事，对整个公司也是一个很好的例子。很多人说钱是不能改变人的，也许说得没错，但当心域食品的员工因为项目的成功而获得额外的奖金时，至少是非常开心的，当然他们也受到了鼓舞。

（5）培训员工：我们做了非常多的培训。当然，它们都是和采购相关的在职或工作之余的培训，比如一些关于战略采购或者谈判技巧的培训，我们也和供应商一起召开了关于创新的研讨会。这样的培训内容在别处是很少见的。但我们也有一些关于人性或情绪话题的培训，指导大家如何专注于力所能及的事情，在这一点上，做出取舍是非常重要的。过去我们也进行过类似的培训，但可能还不够专业，现在我们发现这样的培训对心域食品这类公司的转型是至关重要的。"

弗兰克对我说,他从没想过心域食品是这样一家注重软实力的公司,我则告诉他软实力是让硬实力得以持续的基础。所以说,它或许不是什么无人问津的非常深奥的东西,却是在成功的业务转型中不可或缺的部分。

我在访谈后筋疲力尽,由于只有个别对话会被引用,而且在出版前我也没有机会看到文章的内容,因此我对最终会出版的内容感到有一点点紧张。但《环球经济》对心域食品的采购战略转型感兴趣还是让我备感自豪。

我和我的团队解决了公司的大部分问题,那么现在,我得开始解决我和妻子的私人问题了。

我对此毫无头绪,于是打电话给约翰,想听听他对我个人生活的建议。他是心域食品转型成功的关键,所以我希望他也能拯救我的婚姻。他正在船上,并回答我说他已经告诉了我所有的秘诀,并且再一次提醒我:"托马斯,还记得我提到过的关于真诚、同理心和感恩之心的演讲吗?人毕竟是有感情的,精诚所至,金石为开。"说完,他便结束了我们的通话。

我和约翰打完电话后便立即接到了一个猎头的电话,问我是否对其他的机会感兴趣,过去的几周里他们给我打了好多通电话。如果我没记错的话,从我们公布心域食品的财务数据以及采购在其中作出的贡献开始,猎头就给我打电话了。我没有理睬这些猎头,因为我认为我的目标还没有达成。我在18个月以后会重新考虑这个问题,但现在作为心域食品的首席采购官,我想要完成这次转型,而且现在的情况还不够稳定,我不能撒手不管。只有一件事我没有拒绝,就是到哈佛大学担任采购领域的演讲嘉宾。我对这个邀请感到自豪,而且我也认为把采购课题纳入高等学府的讨论议题非常重要。

CHAPTER 37

第 37 章 回报

约翰说得很对，毕竟人是有感情的，要相信"精诚所至，金石为开"。与海蒂修复关系的关键就掌握在我自己手上。约翰所罗列的种种方法和要素不仅能够被应用于公司管理，对于家庭生活也同样适用，事情的关键在于真诚、同理心以及感激之心。我又一次把一切都当作是理所当然的了。直到我和海蒂的关系快到悬崖边时，我才开始力挽狂澜。这一切都始于倾听海蒂的心声。在安顿好孩子们上床之后，我回到了餐桌旁，想聊聊她一天都做了什么。

一开始，她对我的表现持怀疑态度："你难道没有工作要做了？你的那些工具呢？一般来说我和你说上不到两分钟你就开始看工作邮件了。"但是我坚持要和她谈谈。几天之后海蒂终于放下戒心，开始和我进行对话了。在对话中我很少回避敏感话题，认真思考每个问题的答案，并且诚实表达最真实的想法。

如何表达我对海蒂的感激是最困难的部分。每当我们争吵的时候（没错，我们现在仍然会争吵），我很容易进行人身攻击，而非就事论事，特别是当海蒂无视我的原则而做出有悖于我的原则的事情的时候。我考虑过和她分享一些想法，而后又觉得难以启齿。毕竟我不是海蒂的人生导师，在关于我的事情上，由我向她提出建议是难以令她信服的。对此我采纳了约翰的另一个建议："己所不欲，勿施于人。"屡战屡败的我坚守阵地，终于事情开始出现了转机。那是一个晚上，我们俩坐在走廊里，一边看着外面的玉米田，一边品着红酒。这时海蒂半开玩笑地说："你知道吗，托马斯，不管前几个月发生了什么，我看到你在努力地修复我们之间的关系，我可能又爱上了你！"

与此同时，心域食品正在经历一些不同寻常的事情。罗斯让我为一次特别的董事会准备一份关于采购项目的综合报告。所有的执行董事、非执行董事都会出席这次会议，唯一的会议内容就是我的报告。就是比我的消息灵通很多的瑞克也不知道这究竟是怎么一回事，他从来没有见过这类董事会会议。

我稍微思考了一下，决定向罗斯仔细打听一下这个会议的目的到底是什么，以便更好地准备会议材料。但是他的回答对我没有太大帮助。他只是说我需要提供一份关于在过去一年半内的采购项目的概况介绍，并且需要为之后的讨论做好准备。为了不让任何人失望，我格外仔细地准备了演讲部分。我查阅了所有在心域食品用过的演讲材料，甚至包括从奥腾汽车带过来的资料。经过对草稿的反复修改，我对自己准备的演讲内容终于感到满意。通常我的演讲方式更倾向于现场发挥，但是这次我非常仔细地准备了演讲稿，并且反复预演了好几次。

充分的准备以及丰富的演讲经验使我在步入会议室时自信十足，我从这个会议室中嗅出了一丝期待和兴奋的气息。华纳进行了简短热情的介绍之后，我便开始了演讲。面对会议中频繁抛出的问题，我的准备十分有限。他们的问题不仅限于采购部门，而是涉及心域食品方方面面的业务。董事会成员似乎对我所提出的如何增长营业收入及毛利率的想法特别感兴趣。大约在3个小时之后，华纳对整场会议做了简短的总结，并对我说道："托马斯，你可能会奇怪为什么我们想见你，你也会好奇我们所提出的这些问题的背景是什么。我暂时还不能对你透露太多信息。总体上来说，我们目前在讨论对心域食品内部进行一些调整，这样罗斯能够将精力放在大局上，更多地考虑战略上的事情。今天会议的目的是想确认你能在这次调整中扮演的角色。但是具体内容还是需要保密，请给我们几天时间，我们会尽快通知你的。"

华纳宣布半小时的休息时间，然后让我离开。在我走出会议室的时候，罗斯重重地拍了一下我的肩膀：

"我陪你去停车场，托马斯。现在你知道公司正在发生什么了，对吧？"

"说实话，对刚刚发生的事情我有点摸不着头脑。"

"托马斯，我年纪越来越大了。关于我寻找继任的事情，董事会已经催了好几年了。他们觉得目前执行董事中没有人适合这个职位。不要误会我的意思，瑞克和其他的伙伴都非常优秀，但是他们也许只能维持现状。心域食品需要大刀阔斧的改变才能变成世界级的公司。我们也不想从其他的大公司里挖一个首席运营官或者从小公司里挖一个首席执行官过来。我其实不太喜欢横向招聘，因为他们的思维已经固定了。我第一次在飞机上遇到你的时候，就觉得你很不一样。当然你还需要成长，但是你在过去 18 个月里取得了非常了不起的成绩。我希望你能成为心域食品的首席运营官，所有的职能部门和事业单位都将向你汇报。"

"天哪，罗斯，我实在不知道该说什么了！"

"你可以花一点时间好好消化这个消息。毕竟这个决定还没有经过正式的官方宣布，我们在进行最终人事公布前需要按照流程完成一些必要事务。"

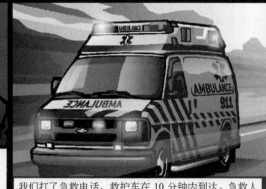

会议进行得异常顺利,最新一期的财务报告结果令人满意。罗斯的心脏病却突然发作!

我们打了急救电话,救护车在 10 分钟内到达。急救人员将他送到了韦恩堡的医院。

医院说他至少需要留院观察四周,如果一切顺利,他仍需要到康复中心放松一段时间。罗斯的妻子一直陪伴着他。

仅在四个小时之后,我早早地起床去了办公室。

海蒂得知罗斯的心脏病发作之后,伤心地痛哭起来。她马上握住我的手拥抱了我,我从来没有见过海蒂这么伤心。

我们昨天晚上进行了一次董事局特别会议,恭喜你托马斯,如果你愿意的话,你将担任临时首席执行官。

CHAPTER

38

第 38 章 心脏病发作

那天早上的会议进行得异常顺利,大家分享了最新一期的财务报告,报告的结果令人满意。就在罗斯与其他董事会成员开香槟庆祝心域食品公司有史以来最好业绩的时候,他的心脏病突然发作!他经常开玩笑说他会在办公室里去世,然后需要被抬出心域食品的办公室,难道一语成谶了?我再次打电话到医院询问罗斯的病情。

我必须承认当时开会时我非常骄傲,因为尽管公司在财务绩效上取得进展是很常见的,但是今年较高的息税前利润明显是由采购部门贡献的。在心域食品本年度的报表中,也将有一部分介绍采购部门及其成绩、供应商关系管理,等等,甚至有一部分的示意图是专门用来阐述采购绩效的。很明显,这方面的信息对于外部分析员来说越来越重要了。

就在我们举起酒杯的时候,罗斯有些站不稳就坐下了。他还试图打个圆场,说这样优异的成绩会让每个人都站不稳。但是当他突然解开领带,捂住心口时,我们才意识到是他的心脏病发作了。

我们打了急救电话,救护车在 10 分钟内到达。急救人员将他送到了韦恩堡的医院,由全美最权威的心脏科医生斯勒负责抢救他,暂时保住了他的性命。没人知道接下来的几个小时、几天内他的病情会如何发展。

这种感觉非常奇怪:一直以来在我身边支持我所想所做的导师突然倒下了。医院说他至少需要留院观察四周,如果一切顺利,他仍需要到康复中心放松一段时间。罗斯的妻子一直陪伴着他。这对夫妇的恩爱相伴让我非常感动。罗斯一直以来都很忙,但是对他来说妻子始终是第一位的。

罗斯对我来说不仅仅是一位导师,还是我在处理工作和家庭问题方面的榜样。海蒂得知罗斯的心脏病发作之后,伤心地痛哭起来。她握住我的手拥抱了我,我从来没有见过海蒂这么伤心。她双亲健在,从未经历过生老病死。当她终于止住眼泪时,她说失去或即将失去挚爱太痛苦了。她说在这种情境之下,每个人都会后悔没有多花些时间与亲人相处,共享美好时光,甚至可能都没有来得及好好了解对方。

我们聊了很久。海蒂和我重温了我们共同度过的第一个周末,一起度过的第一个假期,我们的婚礼,孩子的出生,共度的节日,等等,还有那些由于我工作或者出差而错过的孩子们的生日会。我意识到了家庭对于我的重要性,海蒂对我生命的重要性。我也开始思考生命中的优先次序。每当别人问我时,我总是说我的家庭和妻子是第一位的,可事实上我真的是这么做的吗?每次我不都是把工作、公司和事业放在第一位吗?每当有重要工作会议时,我的家庭总被退居次位,我从来没有说过我不能取消假期因为我的家庭需要我;恰恰相反,我经常说我的家庭会理解我取消假期的。当然,对于我的事业来说这可能是正确的决定,但是我需要为未来多做打算。在凌晨两点的时候,我们聊完了,虽然这个时候大家都沉浸在伤痛中,但是我从未觉得与海蒂如此亲密。

仅在四个小时之后,我早早地起床去了办公室。由于罗斯不在公司,我需要"照顾"心域食品。即使罗斯本人不在,他也不需要太担心,因为管理层和董事会的成员会继续保持出色业绩。

　　华纳大大的深蓝色宾利轿车已经停在了大门口,他在我的桌上留了一张纸条叫我马上打电话给他。我打过去时,他让我马上去他办公室。他问了几个关于我作为首席采购官的工作、当下采购转型的问题之后,解释说:"我们昨天晚上进行了一次董事局特别会议,讨论了在接下来几个月内如何领导心域食品,以及谁将担任临时首席执行官这一职位。我们讨论了几个方案。托马斯,你在心域食品的时间并不长,也并没有在公司内担任多个不同职位,而且与你的同僚们相比在韦恩堡也不是交际最广泛的。"他为什么不直接告诉我在罗斯回来之前谁是我的老板呢?他继续说:"但是你在心域食品内部的接触非常广泛,大家信任你,你也已经证明了在困难时期你是可以做出成绩的,你有能力改变一切。恭喜你托马斯,如果你愿意的话,你将担任临时首席执行官。"他笑了,我马上说道"好的",此时我想到了罗斯,我知道这就是他一直希望的。

幸运之神眷顾着罗斯,他的病情逐渐恢复了。在他心脏病发的一个星期之后,我被告知罗斯在家里和华纳私下讨论了一下心域食品集团的未来。

罗斯,尽管我并不想和你说这事,但公司不能靠临时首席执行官运作太久。

华纳,你说得很对。如果托马斯能够正式接棒,那是最好的了。

罗斯和他的妻子都觉得现在是退下来好好享受生活的合适时机。

CHAPTER

39

第 39 章　展望未来

　　幸运之神眷顾着罗斯,他的病情逐渐好转了。医生建议他好好休息一段时间,在接下来的 12 周内可以逐渐恢复工作。医生还建议他改变自己的生活方式:一直以来,罗斯喜欢享受生活中的美好事物,包括美食和美酒,这种习惯需要改变。之前由于管理心域食品公司的种种压力也对他的身体产生了影响,毕竟他已经六十多岁了。

　　在他心脏病发作的一个星期之后,我被告知罗斯在家里和华纳私下讨论了心域食品公司的未来。华纳一直非常支持罗斯的工作,但当他和其他董事会高管商量之后,说:

　　"罗斯,尽管我并不想和你说这事,但我必须直说,你身体恢复之后,很难再像以前一样继续工作。我们都觉得你需要时间好好休养,但是公司不能靠临时首席执行官运作太久。"

本来华纳以为会和罗斯有一番口舌之争，或者起码罗斯会有一些异议。恰恰相反，罗斯干脆地答道："华纳，你说得很对。我觉得现在该是把接力棒传给年轻一代的时候了，如果托马斯能够正式接棒，那是最好的了。我觉得他一定可以胜任这个角色。"罗斯和他的妻子都觉得现在是退下来好好享受生活的合适时机。这次的心脏病发作对于罗斯来说就是最大的警示。他同意作为监事留在公司，他的宝贵经验对于公司来说是一笔巨大的财富。

同样是在这周，董事局进行了另一轮特别会议，决定正式任命我为心域食品的首席执行官。虽然我对于自己上任的原因深表遗憾，但我依然觉得能够走到这一步非常幸运。我是心域食品公司历史上第一任拥有采购背景的首席执行官，过去几任首席执行官的背景都是和客户市场相关的。当然我知道我还有很多东西需要学习。

在我被宣布担任公司首席执行官的当天，我在家里思考着我所面临的情形。我想到了约翰给我的建议，我也想到了自己在担任首席采购官时获得的教训以及今后应该如何利用这些经验教训。

现在，我比之前更需要动员并鼓励五万五千名员工，使其完成任务并取得成绩。我需要给我的团队注入力量，通过为组织指明方向并提供支持，引导公司达成目标。事必躬亲或试图掌控一切是行不通的，并且还可能再次使我的婚姻陷入危机。我意识到对我来说，婚姻比担任首席执行官要重要得多。正当我还在思考时，海蒂走了进来，我们互相注视着对方。我对她说："和新工作相比，你重要得多。你知道这点的，对吧？"

海蒂笑着对我说："我知道的，托马斯。"

后　　记

托马斯现已担任首席执行官的新角色。

心域食品集团的经营状况蒸蒸日上。

劳拉替代托马斯,成为了新一任首席采购官。

采购部门还在继续壮大中。

托马斯和海蒂之间的感情依然很好。

每隔几个月,托马斯和约翰就会相约航船出海;如果条件允许,罗斯也会加入他们,显然他认为出海对健康很有好处。他们三人讨论航海术、经营一家全球企业所面临的挑战,以及如何经营人际关系。

亲爱的读者朋友：

  我们都很享受创作这本书的过程，也希望您可以喜欢阅读这本书。若您希望更多地了解托马斯在心域食品所使用的概念、方法和工具，请在 www.thecpo.net 上注册，并可获取相关的免费介绍册。

谨启
Christian Schuh
Stephen Easton
Michael Strohmer
Armin Scharlach
Peter Scharbert

Supplier Relationship Management
《供应商关系管理——机会与价值最大化》
中文版已由清华大学出版社同步出版

  作为《首席采购官》一书的后续,本书讲述了托马斯在完成采购的战略转型之后,如何通过深入的、创新性的供应商关系管理,释放出供应商自身的澎湃能量,并使其成为企业发展的强大推进力。本书采用平实的语言和生动的案例,把企业在供应商关系管理中常见的问题、困难逐一加以剖析,并继续通过托马斯和心域食品的案例加以解决。

  与其他讲述供应商管理的书籍不同,本书的背景是"采购是公司战略部门之一,采购的主要精力集中于对公司业务会产生重大影响的战略决策,以及推动内部的变革以使战略决策能够落地生根"。所以本书没有用太多的笔墨讲述如何提升供应商在质量、到货、成本方面的优势(虽然这也是采购部门的重要职责和价值所在),而是强调如何在众多形形色色的供应商中,识别出我们的企业应该把注意力投向谁、应该把互动的层级发展到哪一层领导、应该如何根据双方的专长建立差异化的关系类型,以及如何借助供应商的能量推动企业在竞争中卓尔不群。

  本书介绍的供应商关系管理方法和工具,是科尔尼咨询公司的专家在众多国际、国内客户项目中开发和提炼而来,已经在众多的领先企业中得以应用。不论是作为采购方,还是作为希望与采购方建立更深入合作关系的供应方,都可以从本书中得到启发。

  如果您对《首席采购官》和《供应商关系管理——机会与价值最大化》这两本书,或者科尔尼其他先进的采购理论与话题感兴趣,欢迎微信搜索"科尔尼采购与分析事业部"关注科尔尼公众号或与我们联系,谢谢!